TABLEAU DESCRIPTIF

DE

LA VILLE DE LIMOGES,

DES

VARIATIONS DE SON SITE

ET DE

LA FORME DE SES ÉDIFICES

DEPUIS 46 ANS AVANT L'ÈRE VULGAIRE,
(ÉPOQUE LA PLUS RECULÉE QUE L'HISTOIRE PERMETTE D'EN RECHERCHER L'ORIGINE.)

AVEC INDICATION

Du Progrès des Connaissances, de la Langue, de la Religion,
des Mœurs, du Commerce et Industrie de ses
habitans, depuis la même époque.

Par M. Pierre GILLIER,

(AVOCAT A LA COUR ROYALE DE LIMOGES.)

———

8º
L.K. 4078

TABLEAU DESCRIPTIF

DE

LA VILLE DE LIMOGES.

80

TABLEAU DESCRIPTIF

DE

LA VILLE DE LIMOGES,

DES

VARIATIONS DE SON SITE

ET DE

LA FORME DE SES ÉDIFICES

DEPUIS 46 ANS AVANT L'ÈRE VULGAIRE,
ÉPOQUE LA PLUS HAUTE QUE L'HISTOIRE PERMETTE D'EN RECHERCHER L'ORIGINE ;

AVEC INDICATION

Du Progrès des Connaissances, de la Langue, de la Religion,
des Mœurs, du Commerce et Industrie de ses
habitans, depuis la même époque.

Par M. Pierre GILLIER,

AVOCAT A LA COUR ROYALE DE LIMOGES.

LIMOGES,

IMPRIMERIE DE MARTIAL DARDE, RUE CONSULAT, 15.
Janvier 1838.

AVERTISSEMENT.

L'article statistique sur Limoges, qui fait le sujet de cet écrit, étant, entre autres choses, destiné à faire connaître les noms de ceux qui ont contribué à embellir ou à illustrer cette ville, le premier hommage à rendre à la vérité doit être d'avouer que l'idée de son émission n'appartient pas à l'auteur de l'article, mais à un écrivain qui, bien que rangé dans le parti légitimiste, n'en est pas moins l'une des sentinelles les plus avancées du progrès et du développement des connaissances, dans le ressort de la cour royale de Limoges. L'auteur pour ce ressort, de l'entreprise, des *Nouvelles Ephémérides*, en avait provoqué la rédaction; mais ayant été forcé, par les circonstances, de suspendre pendant un temps indéfini, la publication de la continuation de ce dernier ouvrage dont cet article devait faire partie; pour ne pas priver si long-temps le public de l'instruction que ce sujet pouvait lui fournir, et ne pas retarder les avantages de l'émulation qu'il pourrait faire naître, l'auteur de l'article s'est ainsi vu forcé de le publier lui-même.

A MM^{rs} LES MAIRE, ADJOINTS ET MEMBRES

Du Conseil Municipal

DE LA COMMUNE DE LIMOGES.

La curiosité est l'âme de l'émulation qui est elle-même le plus puissant aiguillon du progrès des connaissances; le désir qu'a tout homme de pénétrer dans les ténèbres de la plus profonde antiquité, de pénétrer même dans les mystères de la nature, lui fait sentir aussi le plaisir qu'aura la postérité de trouver des jalons de lumières, qui pourront l'aider à remonter, de degré en degré, à l'origine des choses. On travaille donc, de tous côtés, à rassembler les élémens épars des connaissances humaines ; on veut savoir ce que furent ses prédécesseurs dans tel ou tel temps, leur caractère, leurs usages, leurs mœurs ; ce que furent les arts et les sciences à telle ou telle époque. Jamais il ne se vit de penchant et de mouvement plus prononcé, qu'à cette époque, vers le désir de la civilisation. Chaque pays, chaque ville, chaque hameau et chaque homme tâte ses forces et rassemble ses ressources pour payer quelque tribut aux lumières et à l'histoire. Les plus grands et les plus sûrs moyens de perfectionnement se trouvant dans les exemples de comparaison, on s'est livré à l'heureuse idée de dresser des statistiques ; nous, plutôt entraîné par notre zèle et par le désir d'être utile à la société, que par notre talent, nous avons dressé, en abrégé, celle de Limoges ancien et nouveau. Des écrivains plus modernes ont déjà décrit Limoges ancien, sa position topographique, son architecture et ses monumens ; nous, nous nous sommes estimé heureux de puiser en partie dans leurs ouvrages; mais nous ne connaissions pas de tableau expositif de Limoges nouveau, c'est-à-dire des heureux changemens qui s'y sont opérés depuis la révolution de 1789, sous le double rapport physique et moral, c'est-à-dire tant en ce qui concerne son agrandissement, l'alignement des rues, l'augmentation des places et des fontaines, leur embellissement, celui des édifices, et la salubrité publique, qu'en ce qui concerne les mœurs et l'instruction publique et privée, le développement de l'industrie et du commerce, et l'amélioration de la science économique et administrative. C'est vous, Messieurs, qui représentez, dans la commune, les administrateurs zélés et généreux à qui cette ville doit ces améliorations florissantes, et qui y avez eu et y avez tous les jours la plus grande part. Nous avons donc pensé que nous ne pouvions faire un plus digne usage de notre travail, que de vous en faire hommage, puisqu'il est l'historique de vos œuvres et de celles de vos devanciers : nous vous prions de l'agréer comme un témoignage de notre haute considération pour vos vertus et de notre dévouement pour une ville qui est devenue notre patrie depuis près de 50 ans, sans renoncer à celle dans laquelle nous avons pris naissance. Ce n'est point une pièce de style que nous avons l'honneur de vous présenter, mais un tableau d'exactitude et de vérité qui pourra servir à des plumes élégantes pour en tracer un plus brillant. Nous l'avons fait pour le bien public, sans prétendre distribuer ni l'éloge ni la critique, et si nous avions été induit en erreur, ce serait par les renseignemens inexacts qui nous auraient été fournis (1).

Agréez,

Messieurs, honorables, et très honorés Administrateurs,

l'assurance de mon dévouement

et de mon profond respect.

P. GILLIER.

Limoges, 15 janvier 1838.

(1) Peut-être serait-il à désirer, pour les besoins de l'histoire, que toutes les villes principales fissent dresser, au moins tous les dix ans, un état des embellissemens qui s'y seraient faits dans l'intervalle. On croit que le perfectionnement retirerait de cette habitude un grand avantage.

LIMOGES.

SON ÉTAT ANCIEN
et
SON ÉTAT ACTUEL.

Avant d'indiquer son état ancien, il est nécessaire de présenter quelques observations préliminaires.

L'origine de la fondation de la ville de Limoges se perd dans la nuit des temps. Si des écrivains trop sceptiques ont été jusqu'à prétendre que cette ville n'existait pas à l'époque de la conquête des Gaules par les Romains, d'autres, trop excités par le désir de lui créer une origine plus brillante, ont été jusqu'à prétendre qu'elle avait été fondée par un Phrygien, nommé Lemovix, et par ses frères, échappés, comme Énée, au désastre de Troye; mais ni les uns ni les autres n'ont réussi, ni ceux-ci à faire croire une fable, ni ceux-là à persuader une chose contraire à toutes les apparences.

On a lu, on a réfléchi; et voyant que César, dans ses Commentaires, parlant des *Lemovices*, dit que Sedulius, leur prince et leur général *(dux et princeps Lemonum)*, conduisit 10.000 combattans, pris dans sa nation, au siége d'Alézia, autant que les Bellovaci ou Beauvoisiens, et plus que les villes de Tours, de Poitiers et de Paris, qui n'en envoyèrent chacune que 8.000, on en a conclu avec raison qu'il fallait qu'un peuple, qui fournissait à la défense commune un aussi considérable tribut de forces, eût une capitale.

Mais quel nom portait cette capitale, et quel pays ces *Lemovices* occupaient-ils ? Ces deux vérités n'étaient pas moins nécessaires à connaître, parce que César (lib. 7, cap. 75) parle de deux peuples désignés sous le même nom de *Lemovices*, l'un placé parmi les Armoriques, l'autre situé non loin des Arverniens ; et que, sans distinguer aucun de ces deux peuples, Pline (lib. 4, cap. 33) et Strabon (lib. 4, cap. 2) citent les *Lemovices* comme faisant partie des 14 *peuples de la Celtique* qui furent réunis à l'Aquitaine.

Le premier volume des *Ephémérides*, qui a été publié, a déjà appris que les auteurs qui ont émis leur avis, par la voie de la presse, sur ces deux questions, ont été divergens sur la première. Les noms de *Lemonum* et d'*Augustoritum* étaient confusément donnés par les auteurs latins qui ont écrit, du temps d'Auguste ou après lui, aux capitales des *Pictones* et des *Lemovices* ; il s'agissait de savoir lequel de ces deux noms appartenait à chacune de ces deux villes.

M. Allou, ingénieur au corps royal des mines, fut chargé, sur la fin de 1819, sous l'administration de M. de Castéja, préfet de la Haute-Vienne, de faire la description des monumens de tous les âges de ce département ; il s'en acquitta avec autant de talent que de diligence, et cet hommage lui fut rendu par une commission chargée d'examiner l'ouvrage, qui fit son rapport, au mois d'avril 1820, par l'organe de M. Ardant, secrétaire-général de la préfecture. M. Allou dépouilla tous les mémoires et toutes les chroniques du pays, et consulta l'Histoire Générale, dont il fit un résumé pour le Limousin, qui est marqué au coin de la science et de la brièveté. Il fut pourtant amené à croire que c'était la capitale des Pictones que les auteurs latins entendaient désigner par le mot *Lemonum.*

M. de Verneilh-Puyraseau, ancien préfet, et président honoraire de la cour royale de Limoges, écrivit postérieurement son histoire sur l'Aquitaine, ouvrage beaucoup plus vaste et dans lequel ne brille pas moins l'homme judicieux que l'homme savant; il balança beaucoup sur la question; cependant, le mot *Lemonum* lui parut beaucoup plus convenable, plus approprié à la capitale de *Lemovices*, que le mot *Augustoritum*, quoique cette capitale fût au nombre des villes qui avaient souscrit pour élever, près de Lyon, un monument à Auguste, et il pensa que, en parlant de *Lemonum*, c'était de Limoges, dont les auteurs latins entendaient parler, que le nom *d'Augustoritum* revenait à Poitiers, capitale des *Pictones.*

Nous croyons, nous, que c'est l'interprétation la plus judicieuse et la seule véritable, et que tous les esprits doivent être fixés sur ce point.

Sur la deuxième question tendant à savoir si les *Lemovices* dépendaient de la Celtique avant l'invasion de la Gaule par les Romains, on avait cru entrevoir aussi divergence d'opinions entre les deux écrivains qu'on vient de citer; mais un examen plus approfondi a montré qu'il n'y en a pas, car dans son premier volume de l'histoire de l'Aquitaine, M. de Verneilh-Puyraseau établit le fait d'une manière positive, en citant les deux circonscriptions territoriales de la Gaule, faite par Jules César et par Auguste.

Cependant, la controverse n'est pas moins survenue sur cette question, dans la rédaction de la nouvelle Statistique du Limousin. C'est un jeune écrivain qui l'a ouverte dans un précis qui se fait remarquer par autant d'énergie de pensée que d'élégance de style.

Il ne nie ni ne confesse que le Limousin fît partie de la

Celtique *avant l'invasion Romaine*, il cite Pline et Strabon, qui placent les *Lemovices* dans la Celtique, mais il passe sous silence la partie de tradition de ces auteurs, qui a pour objet d'apprendre si les *Lemovices* dépendaient de cette province Celtique avant le partage du territoire fait par Jules César ou par Auguste; il paraît croire qu'ils n'y furent qu'annexés par suite de la conquête, et annexés par motif de vengeance de ce que les *Lemovices* avaient mis trop d'opiniâtreté et d'acharnement dans leur défense; et pour rendre ce sentiment de vengeance plus croyable, il dit que certains peuples de la Gaule, et probablement ceux qui s'étaient montrés les plus hostiles à l'invasion, furent plongés dans un état d'esclavage complet; que *religion, coutumes, usages et mœurs: rien ne fut respecté.*

Comme la plupart de ces assertions sont erronées, nous sommes obligé de les relever pour l'exactitude et l'honneur de la vérité; nous le ferons avec l'autorité des deux auteurs critiques qui nous ont jusqu'à présent servi de guides.

M. *Allou* convient que, après la conquête, le Limousin fut extrait de la *Celtique* et placé dans l'Aquitaine; il prend aussi ses preuves dans Pline et dans Strabon; mais le Limousin, une fois placé dans l'Aquitaine, il ne l'en fait plus sortir pour rentrer dans la Celtique ou pour être attaché à la Gaule lyonnaise. Loin de supposer de la vengeance de la part des Romains, qui, comme tous les braves, estimaient la valeur dans leurs ennemis et ne punissaient que la trahison, il rappelle les marques d'estime et de faveur que *Jules César*, le conquérant de la Gaule, donna lui-même à *Duratius*, fils de Sedulius, presque de suite après la conquête, en lui conférant le titre de proconsul et le gouvernement de toute la province celtique; et, touchant la manière dont les Romains se conduisirent envers les Gaulois, il s'exprime ainsi, page 31 : « Dans un autre Mé-

» moire (inséré dans le même volume de l'Académie des
» inscriptions, page 495), le même savant fait une obser-
» vation très intéressante et qui peut jeter un grand jour
» sur les questions du genre de celle qui nous occupe ; il
» remarque que les Romains, et César en particulier, à
» l'époque de la conquête, *traitèrent les Gaulois vaincus*
» *avec une extrême douceur*. La plupart des villes importantes
» conservèrent leurs lois et leurs magistrats, et il n'y eut
» dans toute l'Aquitaine qu'une seule colonie romaine. »

Le passage qu'on vient de lire prouve que le Limousin était dans la Celtique, et César l'y laissa, suivant M. de Verneilh-Puyraseau, dans le partage qu'il fit de la Gaule. Ce partage ne s'accorde point du tout avec celui que M. Charpentier attribue à Jules César dans son précis. M. Charpentier dit que César divisa la Gaule en quatre grandes provinces : la Narbonnaise, l'Aquitanique, la Celtique et la Belgique ; que les *Lemovices* furent placés dans l'Aquitanique.

M. de Verneilh dit également que Jules César divisa la Gaule en trois parties, outre la Narbonnaise qui était conquise avant lui, savoir : la Belgique, la Celtique et l'Aquitaine ; mais, d'après la délimitation qu'il donne de ces trois provinces, le Limousin se trouve placé dans la Celtique. La Belgique, dit-il, s'étendait depuis le Rhin jusqu'à la Seine, *la Celtique depuis la Seine jusqu'à la Garonne*. L'Aquitaine comprenait seulement le pays situé entre la Garonne, la mer et la chaîne des Alpes.

Ce ne fut donc pas César qui démembra la Celtique pour agrandir l'Aquitaine ; ce changement se fit sous Auguste. M. de Verneilh-Puyraseau relate cette nouvelle circonscription, et il nomme les peuples qui furent détachés de la Celtique et incorporés dans l'Aquitaine, le Vivarais, le Velai, le Rouergue, le Gévaudan, l'Auvergne, le Quercy, le Limousin, le Périgord, l'Agénois, le Poitou, le Berry et la Saintonge. On retrancha encore de la Celtique, dit-il, outre l'Helvétie, tous les pays situés entre la Loire et la Seine ; on les joignit à la Belgique. *La Celtique perdit le nom qu'elle avait porté jusqu'alors et prit celui de Lyonnaise*, parce qu'elle eut la ville de Lyon pour capitale.

De cette manière, continue toujours M. de Verneilh, l'Aquitaine eut désormais pour limites au nord, la Loire ; à l'est, la Gaule lyonnaise ; au sud, la Gaule narbonnaise, qui n'éprouva aucun changement ; enfin, à l'ouest, l'Océan et les Pyrénées.

Plus tard, et *sous Adrien*, l'Aquitaine fut divisée en trois parties qui eurent pour capitales, la première, Bourges ; la seconde, Bordeaux ; la troisième, Auch ; et le Limousin fut compris dans la première. On ne voit pas qu'il soit sorti de l'Aquitaine, ni qu'il ait eu *Lyon pour métropole*, comme le dit M. Charpentier.

A la vérité, il paraît que, *sous Domitien*, l'Aquitaine cessa d'avoir des proconsuls, et qu'elle fut d'abord gouvernée par des délégués des proconsuls de Lyon et ensuite de Bordeaux. M. Allou convient de ce fait, qu'il regarde comme une première cause de décadence pour Limoges ; mais cette soumission du Limousin et des autres villes de l'Aquitaine au gouvernement des délégués de proconsuls, qui avaient leur résidence dans une province étrangère, n'avait trait qu'à la hiérarchie à laquelle étaient soumis tous les magistrats de la province, envers les représentans ou agens directs de l'empire romain, et elle ne changeait pas plus la métropole des pays circonscrits, que la soumission des évêques aux ordres du pape ne change celle des curés diocésains.

Ce n'est pas pour avoir démérité que Limoges ou l'Aquitaine avaient été privés de la résidence d'un proconsul, mais parce que, sans doute, la résidence des proconsuls parut plus nécessaire dans les pays qui étaient plus disposés à la révolte, et parce que les proconsuls n'étaient pas assez nombreux pour en établir dans toutes les villes, ou dans toutes les provinces. En effet, on n'en avait créé que six pour toutes les Gaules ; et, à proportion que les provinces se multiplièrent dans les Gaules, on ne nomma plus que des présidens. Or, ces provinces furent portées à dix-sept ; on nomma donc onze présidens et six proconsuls qui avaient chacun le même pouvoir.

Il faut donc que l'éloquent auteur du Précis sur le Limousin ait été induit en erreur par de faux documens, quoique d'ailleurs son ouvrage le fasse paraître en discordance avec lui-même, ce qui serait encore plus étonnant.

En effet, il rappelle, en tête de son écrit, le prétendu partage que fit César de la Gaule, dans lequel partage César classe les *Lemovices* dans l'Aquitaine, et M. Charpentier semble oublier ensuite ce classement. Il parle de Limoges comme s'il n'eût pas été classé ; il dit que sa place devait être dans l'Aquitaine ; que son importance devait lui assurer le titre de capitale, et que Limoges fut attaché à la Gaule lyonnaise. Il nous semble que, pour raisonner ainsi, il lui aurait au moins fallu une nouvelle circonscription territoriale qui fît sortir le Limousin de l'Aquitaine et le fît rentrer dans la Celtique dont le nom même était effacé par la création de la province lyonnaise qui fut formée sous Auguste.

Si notre jeune auteur n'a pas fait cette réflexion, ce ne peut être que parce qu'il a été obligé de précipiter son travail ; on ne concevrait pas, sans cette raison, une pareille méprise de la part d'un esprit si judicieux.

Revenons maintenant à la question d'ancienneté de la ville de Limoges. S'il est impossible d'indiquer l'époque précise de sa fondation, au moins est-il constant qu'elle existait 52 ans avant Jésus-Christ, lorsque César entra dans les Gaules ; qu'elle était importante, puisqu'elle fut taxée à fournir

10.000 hommes pour défendre Alézia et repousser les Romains ; puisqu'elle fut d'abord choisie pour être le lieu de la résidence d'un proconsul ; puisqu'elle fut désignée pour faire la recette des impôts d'une partie de la Gaule, et qu'on y laissa séjourner deux légions romaines ; puisqu'elle fut l'une des soixante cités qui, d'après Strabon, érigèrent un autel à Auguste sous les murs de Lyon ; puisqu'elle servit de point de direction à la confection de quatre routes magnifiques qui ouvrirent des voies de communication entre elle, Saintes, Clermont, Bourges et Poitiers ; puisque les Romains lui permirent d'avoir un amphithéâtre, faveur qu'ils n'accordaient ordinairement qu'à des villes d'un ordre élevé ; enfin, elle devait être importante, puisque le territoire qui s'y rattachait comprenait un peu plus d'étendue que le diocèse actuel, plus que les trois départemens de la Creuse, Corrèze, Haute-Vienne, et quelques parties du Poitou et de l'Auvergne.

S'il fallait en croire M. *Allou*, depuis le monument élevé à Auguste jusqu'au IVe siècle, que les cités prirent le nom de peuples, elle aurait porté le nom d'*Augustoritum ;* mais nous venons d'établir qu'elle était appelée *Lemonum.* Son nom varia, comme la langue, jusqu'au XVIe siècle qu'elle prit le nom de Limoges, qu'elle a conservé depuis. Sous la première race des rois de France, elle était *Lemovica, Lemovicina urbs,* la contrée *lemovicinum ;* au VIIIe siècle, c'était *Limodia, Lemodia ;* en 1084, *Lugonicum* pour *Lemovicum.* Dans les titres d'une date postérieure, on écrivait *Limogia, Lemogia,* puis *Lemoiges, Lymoges.*

ÉTAT ANCIEN DE LIMOGES.

Il serait très difficile, pour ne pas dire impossible, de déterminer le lieu précis qu'occupait l'ancienne cité des *Lemovices*, parce que *César* est le premier écrivain connu qui ait parlé de ce peuple; que la ville, qui a été *saccagée, incendiée* et *détruite plusieurs fois*, a été rétablie autant de fois; et que les plans ou manuscrits, qui auraient pu transmettre cette connaissance, ont dû être lacérés ou pillés.

Mais les vestiges de construction ou fragmens de vases, piédestaux, colonnes et statues, trouvés dans un grand nombre de fouilles, des deux côtés de la Vienne, semblent évidemment indiquer que, sous la domination romaine, la ville s'étendait sur les deux rives de cette rivière, depuis l'endroit appelé aujourd'hui le *Naveix*, jusqu'au pont de la Roche-au-Got: la *partie septentrionale*, qui commençait vers les chantiers de bois à brûler, était la plus étendue; elle embrassait la Cité actuelle, ou peut-être seulement une partie; les faubourgs Boucherie et Manigne, la mairie et ses alentours, Sainte-Valerie, le séminaire, le quartier des Bancs, laissant en dehors l'emplacement de Saint-Pierre, de Saint-Martial et de Saint-Michel; de là, elle s'étendait au Portail-Imbert, à la fontaine d'Aigoulène, hors des murs, jusqu'au pont de la Roche-au-Got, en comprenant les environs de Saint-Cessateur et le territoire de Beau-Séjour; les limites de cet espace formaient à peu près un arc, dont la Vienne serait la corde. La *partie méridionale*, qui était la moins étendue, comprenait, à ce qu'on croit, le territoire du Mas-Rome, près et au-delà du pont Saint-Etienne; elle se prolongeait un peu au-dessus du pont Saint-Martial, jusqu'au lieu appelé les Portes-Ferrées, près d'une fontaine qu'on nomme encore la *Font-Péchade*.

D'autres vestiges, découverts dans le XVIIIe siècle et dans celui-ci, tels que ceux d'un édifice de forme *octogone*, ceux d'un souterrain, tracé depuis les bords de la Vienne jusqu'à la partie supérieure de la ville, à peu de distance des Arènes, ceux d'un temple sphérique, souterrain, situé près de l'ancien oratoire des pénitens rouges, et ceux d'une idole de Ghrovinna, sont aussi autant d'indices que, lorsque les Romains pénétrèrent dans les Gaules, il existait beaucoup de temples que les Gaulois avaient érigés à leurs divinités, et dans lesquels, les druides, les ministres de leur religion, faisaient leurs sacrifices; mais ces temples furent et durent être aussitôt détruits, moins par le désir que pouvaient avoir les vainqueurs de donner aux vaincus leurs coutumes et leur religion, que *parce que l'avarice des Druides* avait entassé des trésors, parce qu'ils exerçaient une omnipotence absolue, incompatible avec l'esprit de domination des Romains, et que d'ailleurs la principale base de leur religion, comme le principal ressort de leur puissance, portait sur la coutume barbare d'immoler des victimes humaines dont le sang coulait à grands flots sur leurs autels. Le temple sphérique, dont on vient de parler, servait visiblement à cet usage.

Les Romains communiquèrent sans doute aux anciens Celtes le goût des constructions; car, sous les premiers empereurs, la cité des *Lemovices* s'embellit d'une foule de monumens utiles et magnifiques; Duratius y éleva plusieurs palais dont l'un, placé au bord de la Vienne, près du pont Saint-Martial, devint sa résidence habituelle; il fit aussi bâtir un théâtre, sur le bord de la même rivière, de 40 pas géométriques de long sur 18 de hauteur. Lucius Capréolus, son successeur dans le proconsulat, éleva un temple à Jupiter, sur une colline qui a porté, depuis, le nom de Mont-Jovis, ou *Mons-Gaudii*; il fit aussi édifier pour lui-même, dans la région du pont Saint-Martial, entre l'église des Dominicains et Sainte-Valérie, un palais d'une grande magnificence qui fut appelé le palais *de Lucius*. Sous l'empereur *Adrien*, on construisit cet amphithéâtre connu sous le nom des Arènes, dont la recherche de l'origine a fait l'objet de plusieurs débats. Il était destiné aux représentations des combats de gladiateurs et des animaux féroces. Sa forme était elliptique, avait 1.416 pieds de pourtour et 72 pilastres, distans de milieu à milieu de 19 pieds 8 pouces ; les gradins circulaires étaient au nombre de dix, et offraient un emplacement assez grand pour faire asseoir commodément 10.000 spectateurs ; d'autres disent 5.000 seulement. Mais au-dessus des gradins, il y avait quatre étages de galeries, percés de nombreuses ouvertures. Beaumesnil prétend que la pierre, qui servit à cette construction, fut extraite des montagnes de Blond, près de Montrocher. Cet ouvrage, dit-on, fut terminé en deux mois par les 14e et 20e légions romaines.

Le changement de religion devait en produire un dans le mode de construction des édifices ; les Romains s'étaient empressés de substituer les temples du polythéisme à ceux des Druides ; le christianisme devait avoir son tour ; le combat qui commença entre lui et l'idolâtrie fut long et sanglant : si le *proconsul Junius Silanus* fit mourir sainte Valerie, parce qu'elle avait refusé de l'épouser, la religion dut en être le prétexte : nous disons si, car on verra que cette proposition est l'objet d'une grande controverse. Cependant, Silanus se convertit lui-même avec une grande partie des habitans de Limoges, et reçut, au baptême, le nom d'Etienne. Il bâtit, dit-on, en expiation, *l'hôpital de saint Martial*, qui est aujourd'hui l'Hôtel-des-Monnaies. Pour bâtir un hôpital dédié à saint Martial, il fallait que saint Martial existât, et, en effet, M. Allou dit, d'après plusieurs témoignages historiques, que c'était saint Martial qui avait converti sainte Valerie, fille de Léocade, successeur de Lucius, et sa mère, sainte Suzanne, que presque tous les historiens du pays placent en 46 et sous l'empire de Claude, la mission de saint Martial, apôtre de l'Aquitaine, et premier évêque de Limoges, que les anciennes chroniques et la trandition locale désignent comme un des disciples de Jésus-Christ, *et même un des apôtres*, né à Rome près de Bethléem, que son apostolat a été reconnu par plusieurs conciles, tenus en 1029, 1031, 1034; mais, comme on le verra, ce fait reste encore dans le domaine de la controverse, car plusieurs auteurs, entre autres Grégoire de Tours et Fleuri, assurent que saint Martial ne vivait que dans le IIIe siècle, qu'il fut l'un des sept évêques envoyés, en 250, pour prêcher la foi dans les Gaules.

Si cette dernière version était vraie, tous les miracles et toutes les saintes œuvres qu'on prête à saint Martial, antérieurement, seraient autant de fables. Il aurait pu cependant, en 250, être enfermé à Limoges, et battu de verges par les prêtres des idoles; car, sous Gallus, qui régnait en 250, la persécution avait recommencé contre les chrétiens. Il aurait pu encore faire la dédicace de la première église de saint Etienne, fonder l'abbaye de la Règle, la chapelle du cimetière qui fut destinée à la sépulture commune des fidèles, le prieuré de saint André où s'établirent les petits Carmes, enfin la chapelle de sainte Valerie qui fut érigée, dit-on, au lieu même du supplice de cette sainte; mais, au lieu de remonter à une époque antérieure, à l'an 73 de J.-C., ces fondations ne remonteraient qu'au milieu ou sur la fin du IIIe siècle. (On verra plus bas, ce que dira la controverse.)

L'histoire remarque, en effet, que ce n'est que dans les 24 ans, qui s'écoulèrent depuis l'empereur Sévère jusqu'à 235, époque où Maximin monta sur le trône, que les chrétiens bâtirent des églises; avant, ils tenaient leurs assemblées ou faisaient leurs offices dans d'autres lieux consacrés. Plusieurs de ces églises furent brûlées sous Maximin. Après les églises dont on vient de parler comme supposées fondées à Limoges, par saint Martial, la plus ancienne dont la description départementale cite l'origine, est celle de Saint-Cessateur, réunie, lors de la révolution de 1789, à la paroisse de Saint-Thomas d'Aquin, et conservée, comme oratoire, par les pénitens rouges. On la fait remonter à 268; Saint-Paul-Saint-Laurent aurait été fondé ensuite en 528; Saint-Michel-des-Lions, en 557.

A cette époque, l'empire romain avait été détruit en occident par les barbares; la plus grande partie de la Gaule était devenue française, et surtout *Limoges*, par la célèbre bataille que Clovis gagna, en 507, près Poitiers, contre les Visigoths. On ne sait si les dévastations du vandalisme obligèrent les habitans de Limoges à faire de nouvelles constructions; mais, vers 570, ceux qui habitaient vers le pont Saint-Martial vinrent s'établir autour de l'église cathédrale; ils donnèrent à ce quartier le nom de Cité, et l'entourèrent de murs. Ce fut à peu près dans le même temps qu'on commença à bâtir le pont Saint-Étienne; il paraît que le pont de Saint-Martial existait déjà, non tel qu'il est actuellement, mais dans une autre forme, et peut-être dans un autre endroit. On dit que *Duratius* l'avait fait bâtir; mais il n'y a, sur ce fait, rien de positif. — L'église de Saint-Julien, où les pénitens blancs avaient plus tard établi leur tribune, et qui était devenue une propriété particulière, fut connue dès le VIe siècle; aujourd'hui, rendue au service public, érigée sous le titre de Couvent de Repentir, elle sert de retraite ou d'asile de conversion aux jeunes filles repentantes qui ont péché contre les mœurs. L'abbaye de Saint-Martin, où les Feuillans, fut fondée, dit-on, en 640. — Il y avait, à cette même époque, un Hôtel-des-Monnaies, puisque Saint-Éloi, qui mourut en 659, était maître de la monnaie de Limoges, et qu'il avait succédé dans cette place à Abdon, son instituteur.

Louis-le-Débonnaire reçut, en 815, de Charlemagne, son père, le royaume d'Aquitaine. Il fit bâtir, disent les chroniques, l'abbaye de Saint-Martial, sur le tombeau même du saint évêque; d'autres prétendent qu'il n'en fit faire que la dédicace. Lorsqu'il vint à Limoges en 832, il permit aux moines de Saint-Martial de détruire et d'enlever, pour cette construction, *l'étage supérieur de l'amphithéâtre romain* On pratiqua, sur les parois extérieures du mur méridional de cette église, une niche où l'on plaça un monument que le peuple nomma *la Chiche;* c'était un bas-relief qui représentait, sur un fronton, une lionne couchée et tenant entre ses bras plusieurs lionceaux, dont l'un paraissait disposé à la frapper. Au-dessous de la lionne, une figure d'homme semblait s'appuyer sur le dos de l'animal et le presser encore du poids de deux boules qui terminaient ses bras. On a prétendu que, par cette allégorie, Louis-le-Débonnaire avait voulu consacrer le souvenir des victoires de son aïeul Pepin sur le duc Waïfer. On verra, en effet, plus bas, que Waïfer, duc d'Aquitaine, soutint, contre Pepin, une guerre qui ruina la ville presque entièrement.

Il existait, dans l'église de Saint-Martial, une petite chapelle dans laquelle on tenait des cierges allumés jour et nuit, et il y avait, dans la même chapelle, un tombeau en pierre, d'une dimension gigantesque, que le vulgaire avait désigné comme étant celui de Tève-le-Duc. Tout le monde, et surtout les enfans, s'en approchaient avec crainte, avec une sorte de terreur. Nulle inscription n'indiquait le mystérieux personnage en honneur de qui ce tombeau avait été élevé, ou dont il avait servi à recueillir les restes précieux. On savait seulement que le luminaire était entretenu par le Chapitre de Saint-Martial, aux dépens d'une fondation. La curiosité publique a cherché à pénétrer le nom et la qualité du personnage à qui on faisait rapporter le nom de Tève-le-Duc, et pourquoi on avait placé ce sépulcre dans cette chapelle ; il s'est élevé, à cet égard, une controverse des plus curieuses, en même temps que des plus savantes, entre MM. Duroux, Ardant aîné, secrétaire de la société d'agriculture, et de Gaujal, alors premier président de la cour royale de Limoges, aujourd'hui conseiller à la cour de cassation.

C'est M. Duroux qui l'a introduite, en 1810, dans un essai historique sur la sénatorerie de Limoges ; il a dit : *Tève-le-Duc* veut dire le *duc Étienne* ; c'est le nom que prit Junius Silanus lorsqu'il se convertit au christianisme, avec 15 mille officiers ou soldats de son armée, et il se convertit par suite d'un miracle que fit saint Martial, et dont il fut frappé. Quel était le miracle ? Le voici : Junius Silanus était cousin de l'empereur Claude, et l'un des plus vaillans capitaines de son temps. Claude le désigna, en l'an 42, pour proconsul de l'une et de l'autre Aquitaine. Silanus prit possession de son proconsulat; ensuite, on chercha à l'unir à la famille de son prédécesseur, avec Valerie, fille unique de Léocade. Les conventions furent réglées ; mais Claude eut besoin de Julius Silanus dans la Grande-Bretagne pour lui aider à faire la conquête de cette île. A son retour, Silanus trouva Suzanne, sa belle-mère prétendue, décédée et convertie à la religion catholique ; sa future s'était aussi convertie : elle refusa de l'épouser ; il en fut indigné, et la fit tuer par Hortarius, l'un de ses centurions. A peine Hortarius eut-il commis ce crime, qu'il tomba mort aux pieds de sa victime. Silanus, témoin de cette scène sanglante, en fut frappé de terreur ; mais il fut encore plus frappé d'étonnement, quand il vit le meurtrier ressuscité par saint Martial, qui avait été mandé pour opérer ce miracle ; il se convertit et changea son nom, au baptême, pour celui d'*Etienne*. A sa mort, on lui érigea un tombeau sous celui de *Tève-le-Duc*.

Dix-huit ans après cette version, M. Ardant, ne la trouvant pas conforme aux présomptions naturelles et à la tradition, la trouvant trop fabuleuse, est venu la contredire, en 1828, dans un article inséré au Bulletin de la société d'agriculture, n° 2, tome 7. Il a dit : Ce n'est pas Claude qui nomma Junius Silanus proconsul ; c'est Caligula, son beau-frère. Par une singularité remarquable, Silanus était né le jour même de la mort d'Auguste. En 43, il fut envoyé dans la Grande-Bretagne, sous le commandement de Vespasien. Il paraît constant que ce fut par ses ordres, et à son retour, que la jeune Valerie fut mise à mort, par vengeance de ce que sa conversion l'avait frustré dans ses espérances. Cette opinion peut être contrariée par un passage de Tacite, qui qualifie Junius Silanus de proconsul d'Asie, et qui rapporte qu'Aggripine l'avait fait périr, dans la crainte qu'il ne cherchât à se venger de la mort de Marcus Silanus, son frère, dont elle s'était défait elle-même, et qu'il ne visât à l'empire, comme étant un descendant des Césars. Mais Junius, après avoir été proconsul des Gaules, pouvait avoir été envoyé en Asie. Mais, étant mort en Asie, il est difficile de croire que son corps eût été transporté à Limoges, quoiqu'il se fût converti au christianisme. Le tombeau, appelé *Tève-le-Duc*, n'est donc que le tombeau de saint Martial ; sa grande dimension en pierre fait penser qu'il renfermait un autre cercueil en plomb. On n'avait établi, auprès, un luminaire, que par le sentiment de piété qu'avait toujours excité le saint apôtre, et en mémoire des miracles qu'il avait opérés. Limoges n'aurait pas entretenu, pour un grand de la terre, ces magnifiques fondations dont la révolution a pu seule interrompre la durée.

Cinq ans après l'explication de M. Ardant, en 1833,

M. de Gaujal, dans un article qui a été aussi inséré dans le Bulletin de la société d'agriculture, n° 4, tome 14, est venu, à son tour, réclamer sa part de gloire de percer le voile de la nuit des temps sur ce point; il a fait des recherches beaucoup plus profondes, et c'est, environné de toutes ces autorités, qu'il a dit : Non, le tombeau qui était désigné, dans la chapelle de Saint-Martial, sous le nom de Tève-le-Duc, n'était pas celui de saint Martial ; ce n'était pas non plus celui de Junius Silanus. C'était ou ce devait être celui de Gaiffer ou Waiffer, dernier duc d'Aquitaine, celui-là même dont le monument vulgairement nommé la Chiche, était destiné à rappeler, sous l'emblème de la trahison et de la méchanceté, sa honteuse défaite par Pepin. Le nom de Tève-le-Duc signifie que Tève était un duc : il n'existait pas de ducs du temps de Junius Silanus, en l'an 43 de Jésus-Christ. M. Duroux fait Silanus proconsul de l'une et l'autre Aquitaine, et alors il n'existait qu'une Aquitaine, puisque M. Duroux dit lui-même que l'Aquitaine fut divisée par Dioclétien. Junius Silanus ne put pas être proconsul dans les Gaules, puisqu'il était, dans le même temps proconsul en Asie. Il ne put pas se rencontrer, en 42 ou 46, à Limoges, avec Valerie, fille de Léocadius, puisque Valerie ne vivait que dans le IIIe siècle, et demeurait à Bourges, où son père, qui était sénateur, et qui avait été martyrisé à Lyon pour s'être fait chrétien, avait une maison. Silanus ne put, par la même raison, ni songer à épouser Valerie, puisqu'elle ne naquit que long-temps après, ni la faire exterminer par aucun motif de vengeance ; il ne put pas non plus se rencontrer à Limoges avec saint Martial, car les écrivains qui font paraître saint Martial dans les Gaules le plus près de la naissance de Jésus-Christ, en remontant à cette naissance, ne l'y font paraître qu'en l'an 91 ou 100; les autres, et de ce nombre Grégoire de Tours, ne l'y font venir qu'en 245 ou 250.

La coexistence, au même temps, du saint Apôtre, de Junius Silanus et de Valerie; la supposition du projet de mariage entre Valerie et Silanus; la conversion de Valerie, sa mort violente, la résurrection de son assassin; le baptême et le changement du nom de Junius Silanus pour celui d'Etienne, tout cela est donc controuvé ou fabuleux.

Maintenant, le tombeau de Tève-le-Duc est-il celui de Waïffre ou de saint Martial? On ne peut disputer que saint Martial n'eût son tombeau dans la chapelle, ni que le luminaire continuel qui y brûlait ne brûlât pour saint Martial; mais il y avait deux tombeaux, M. Allou en convient. Celui qui était de si grande dimension était celui de Tève-le-Duc; or le duc Gaiffre était grand de taille; c'est donc le sien. L'on ne conteste pas que le monument extérieur dénommé la Chiche, qui représentait une lionne, laquelle a passé, en 1804, au pouvoir de M. le comte de Choiseuil-Gouffier, ne se rapportât au duc, qu'elle ne fût une apostrophe sanglante à sa mémoire et à sa famille; le tombeau doit aussi, par conséquent, se rapporter à lui; si l'on ne plaça pas d'inscription indicative sous la lionne, c'est parce qu'on pensa que le tombeau en servirait. Il désignait un duc; il ne pouvait y avoir à Limoges d'autre duc que Gaiffre, parce que Limoges dépendait de l'Aquitaine, et que l'Aquitaine fut érigée en duché en 639; le lieu du sépulcre signifiait assez par lui-même que le personnage inhumé était un grand du pays; il n'y en avait pas de plus grand que Gaiffre, parce qu'il fut le dernier duc de l'Aquitaine. C'est Gaiffre qui avait fondé à Limoges le monastère de Saint-Sauveur, qui fut converti par la suite en l'église de Saint-Martial; il devait tenir à y être enterré, et il était juste de l'y enterrer. Il avait fait, contre Pepin, la plus vigoureuse résistance; Pepin ne parvint à en triompher que par la trahison, en attirant, dans son parti, Remistan, son oncle, et le faisant périr, le 2 juin 758, par un domestique nommé Varéton ; il fut inhumé, dans l'église du monastère, sous le nom de Taif-le-Duc, au lieu de Vaif-le-Duc. On n'emprunta à l'allégorie sa malignité, que pour déverser sur le duc le blâme d'une perfidie, dont Pepin seul s'était rendu coupable ; car c'était le dernier des descendans des Mérovingiens qui défendait son patrimoine contre un usurpateur.

Tel est le tribut que chacun de ces Messieurs a apporté à la découverte de la vérité. Peut-on dire qu'elle brille tout entière maintenant, qu'il n'y reste plus aucun nuage ; que le grand cercueil en pierre trouvé dans les décombres est bien celui de Tève-le-Duc ; que Tève-le-Duc était le duc Gaiffre ; que Junius Silanus, Valerie et saint Martial, n'ont ni existé ni pu exister à la même époque ? Le lecteur verra bien que non. M. de Gaujal est, sans contredit, celui qui, par ses immenses recherches et sa profonde discussion, paraît avoir le plus approché de la vérité. Mais avant d'adopter ses inductions, n'est-il pas bien d'autres conjectures à peser dans la balance ? Or, rien ne prouve d'abord que le grand cercueil retrouvé sur place fût celui qu'on désignait sous le nom de Tève-le-Duc. M. Allou, dit, il est vrai, que c'est le même qu'on avait pris longtemps pour le tombeau du proconsul ; mais il observe de suite que ce tombeau avait été violé, puisqu'on voyait sur le devant une grande ouverture fermée, dans ces derniers temps, par des barres de fer, dont une portait la date de 1592 ; d'où l'on peut tirer la conjecture que cette violation ne fût commise que pour commettre une fraude pieuse, pour en extraire un autre tombeau en plomb ou en bois, contenant le chef même de saint Martial, dont l'inscription aurait pu prouver que saint Martial n'avait été inhumé que dans le IIIe siècle, tandis que l'on voulait prouver (c'était Adhémar) que le saint Apôtre avait vécu dans le Ier et qu'il avait été l'un des soixante-douze disciples de

Jésus-Christ. On peut conjecturer encore que, pour arriver à la formation de cette idée, l'on fût obligé de faire un autre cercueil en pierre, dédié à saint Martial, dans lequel on plaça l'inscription : *Hic requiescit corpus Beati Martialis, Discipuli et Apostoli Christi Jesus;* car ce fut une grande question qu'il fallut faire juger par un concile, et qui le fut, en effet, par le concile de 1031, que celle de savoir si saint Martial avait été l'un des disciples de Jésus-Christ. M. Allou dit que cet autre tombeau se trahissait par son architecture gothique trop moderne, et émet l'opinion que l'inscription latine précédente ne fut placée dans le tombeau que par Adhémar lui-même, qui était le partisan le plus zélé de l'apostolat ; car on lisait sur l'épaisseur de la pierre ces mots : *Adhemari miserere tui.* Ces circonstances ne confondent-elles pas toutes les conjectures dont on pourrait tirer la croyance que le cercueil de 8 pieds de long était plutôt le tombeau de Tève-le-Duc que celui de saint Martial? Qu'on suppose cependant cette première difficulté vaincue; qu'on adopte que le tombeau gigantesque était celui de Tève-le-Duc, et qu'il ne faille plus que rechercher quel était ce Tève-le-Duc? Faut-il croire que ce ne pouvait être que Waïffer? Or, voici les réflexions qui se présentent contre cette dernière version de M. de Gaujal.

Il est constant que le luminaire entretenu devant saint Martial, l'était aux dépens d'une fondation qui reposait sur un pré appelé Chatoux, aujourd'hui Puiponchret, situé entre la Bastide et le Puy-Imbert, commune de Limoges. Cette fondation ne pouvait provenir, ni de Saint-Martial, ni du Chapitre, parce que saint Martial n'avait pu songer à se rendre des honneurs après sa mort, et que si le Chapitre avait voulu lui rendre celui d'entretenir un luminaire perpétuel autour de son tombeau, il l'aurait fait à ses dépens. La fondation ne dut en être faite que par un chrétien qui avait la plus haute opinion des mérites de saint Martial, et qui désirait d'en laisser après lui une preuve vivante et perpétuelle ; et la première condition de cette fondation dut être *de reposer dans la chapelle* même où saint Martial était enterré ; et dès lors il faut dire que le véritable fondateur ne fut et ne dut être que *Tève-le-Duc*. Maintenant, les raisonnemens de M. de Gaujal pourront-ils s'appliquer à l'idée d'une fondation de la part de Waïffer ? Le duc Waïffer ou sa famille avaient-ils payé pour se faire enterrer là ? Ou était-ce Pepin, son vainqueur, dont le descendant fit placer à l'extérieur du temple un monument insultant à la mémoire du duc, qui avait fait cette fondation du luminaire, pour faire admettre son corps dans le même caveau que celui du saint Apôtre ? Ne serait-ce pas faire violence à la raison que de le penser ? Il faut donc admettre que la fondation vient de tout autre que de Waïffer. Mais c'est à un duc, dit M. de Gaujal, que le tombeau se rapporte. Et qui vous a dit que le mot *Duc* est plutôt un nom de qualité qu'un nom propre ? Ne pouvait-il pas y avoir des habitans à Limoges, ou dans le Limousin, ou partout ailleurs, qui portassent le nom de *Leduc*, et qui eussent autant de piété qu'un duc ? Long-temps il a existé, à Limoges, une famille qui portait le nom de Leduc, et elle existe peut-être encore.

Si le mot *Duc* n'était pas un nom propre, si c'était une qualité, il faudrait encore examiner si cette qualité était féodale ou militaire. Féodale, elle ne pourrait, il est vrai, pas se rapporter à Lucius Silanus, venu dans le Ier siècle ; mais elle pourrait se rapporter à tout autre qu'à Waïffer ; car le tombeau de saint Martial était visité alors par tant de princes, qu'il ne serait point étonnant que quelqu'un eût fait vœu de se faire enterrer près de lui ; ils y auraient eu autant de droit que Waïffer, lorsqu'il eut été vaincu par Pepin. On peut dire même que les plus fortes présomptions repoussent l'idée qu'il ait été inhumé à Saint-Martial ;

savoir : son genre de mort, sa défaite, la haine que lui avait vouée le vainqueur, la résidence qu'il faisait dans une autre province que le Limousin ; car les ducs d'Aquitaine faisaient alors leur domicile à *Bourges*. Mort empoisonné ou assassiné, on dit, en Périgord, ses assassins durent l'ensevelir dans un lieu caché, au point que les écrivains ont cherché partout son tombeau, sans deviner positivement le lieu de sa sépulture. Si son corps fut retrouvé, sa famille ou ses serviteurs durent le faire transporter à Bourges, lieu de son domicile, ou à Bordeaux. Pepin, son vainqueur, n'aurait pas souffert qu'il fût enterré avec tant d'honneur, et qu'on lui donnât une place si honorable, surtout flétrissant ou voulant flétrir sa mémoire par un emblème ; car Louis-le-Débonnaire peut être censé n'avoir rempli que ses intentions. Le nom de Tève dépose, en second lieu, contre celui de Waïffer ou de Waïffre ; car, quand on écrivait ou qu'on prononçait si bien en français le mot *duc*, comment aurait-on pu si fortement défigurer le mot *Waïffer* : mettre ou prononcer *Tè*, la première syllabe du mot *Waïf*, et écrire ou prononcer *ve*, la seconde syllabe *fer* ou *fre ?* Waïffer n'avait-il pas, d'un autre côté, un prénom ? Et n'est-ce pas par le prénom surtout que l'on distingue toutes les inscriptions qui sont gravées sur les pierres tumulaires ? Le mot *Tève* ne peut donc se rapporter à *Waïffer*. Cela paraît évident.

Mais celui de duc se rapporte-t-il à Junius Silanus, s'il est vrai que Silanus s'était converti et avait pris le nom d'Etienne en recevant le baptême ? D'abord la corruption du mot latin *Stephanus*, prononcé par le vulgaire, a plus de rapport et de similitude avec Tève qu'avec Waïffer ou Waïffre. Il n'est question que de savoir si Silanus, proconsul, pouvait, dans le Ier siècle, recevoir le nom de Duc. Cela n'est pas impossible dans la traduction du mot latin *dux* par l'esprit gaulois. On a vu que César, dans ses

Commentaires, nommait précisément le prince, le général des Limousins qui le combattirent, *dux* et *princeps Lemonum*. Les Gaulois auraient donc pu appeler duc celui qui, dans l'ordre équestre et militaire, marchait à leur tête. Resterait à concilier le changement de nom de Silanus par le baptême; la cause du baptême par le miracle de saint Martial; la cause du miracle par l'homicide prémédité commis sur Valerie, et la coexistence, au même temps, de Silanus, de Valerie et de saint Martial. Les preuves les plus authentiques paraissent, il est vrai, celles qui ne font apparaître saint Martial dans les Gaules que vers le milieu du IIIe siècle. C'est aussi dans ce IIIe siècle que M. de Gaujal prouve que vivait Valerie, fille de Léocadius. Et Junius Silanus, né le jour de la mort d'Auguste, ne vivait certainement plus; il ne pouvait pas être le meurtrier de Valerie; mais, au IIIe siècle, un de ses héritiers, portant le même nom, pouvait exister. Valerie, fille de Léocade, pouvait s'être transportée de Bourges à Limoges; et tout ce que les chroniques ont prétendu s'être passé au Ier siècle, sur le projet de mariage de Silanus avec Valerie, et sur sa mort, aurait pu alors se passer dans le IIIe. Il serait possible encore que les écrivains et traducteurs se fussent trompés; qu'ils eussent pris un nom limousin ou gaulois pour un nom romain; qu'ils eussent écrit, par exemple, *Silanus* pour *Sédulius*, pour l'un des descendans du général de l'armée limousine, ce qui aurait pu faire continuer de donner le nom de *Dux*, mot plus tard traduit en français par *duc*; et dès lors l'érection du tombeau sous le nom de *Tève-le-Duc*, trouverait encore là une plus vraisemblable interprétation que celle qui s'applique à Waïffer. Mais si le tombeau se sauve de celle-ci, le doute, malgré tout, reste grandement sur le reste.

Reprenons la description de la ville de Limoges :

En 846, elle eut à souffrir de l'incursion des Normands,

puis des guerres du gouvernement féodal, qui fut complètement organisé en 808, sous Charles-le-Simple : la sûreté portait toutes les villes et bourgs à s'entourer de fortifications. Lothaire, redoutant, pour Limoges, les attaques de Guillaume *Fier-à-Bras*, duc d'Aquitaine, ordonna aux habitans, en 985, d'entourer de fossés et de murailles, l'amas de maisons qui forme actuellement l'enceinte de la ville, auquel amas on donna le nom de *Château*. Cet ouvrage fut exécuté ; on creusa des fossés *dans lesquels on faisait arriver l'eau de la fontaine d'Aigoulène* ; on n'est pas d'accord, cependant, si cette fontaine était construite alors, on prétend qu'elle ne le fut avec les étangs qu'en 1217, par Pierre Audier, sénéchal de la Marche et du Limousin *pour les Anglais.*

Les murailles qui furent construites pour ceindre le *Château*, furent fortifiées de distance en distance par des tours ; on en comptait 23, outre celles qui accompagnaient les portes ; leurs paremens de face étaient en pierre de taille, presque toutes étaient couronnées de créneaux, et il y avait plusieurs canonnières à chacune.

L'existence des fossés qui furent creusés tout autour des murailles, est prouvée par la Charte qu'Edouard III, roi d'Angleterre, à qui appartenait alors le Limousin, octroya à la ville de Limoges, le 26 novembre 1365. Cette Charte établit que la ville avait un gouvernement consulaire, et que les consuls avaient le droit de jouir des lapins qu'on laissait élever dans la partie des fossés qui étaient à sec, et des poissons qu'on nourrissait dans la partie des fossés où était l'amas d'eau.

L'enceinte de la ville comprenait l'abbaye de saint Martial, et son cimetière jusqu'au Pont-Hérisson, joignant l'hôpital Saint-Martial, aujourd'hui l'Hôtel-des-Monnaies, delà au portail Imbert, où étaient les prisons, puis allant à la porte Fustine près de Saint-Michel, derrière la maison du Breuil, (aujourd'hui la préfecture) ; à la place de la Mothe, aux portes Poissonnière et Poulaillère, et revenant à l'abbaye saint Martial ; il y avait alors trois parties bien distinctes, *le Château*, *la Cité* et *la ville du pont Saint-Martial*, aujourd'hui le faubourg de ce nom. En 1150, le Château fut agrandi du quartier des Combes et des rues adjacentes, de la place des Bancs, des rues Torte, Banc-Léger, les Pousses, Manigne, Cruche-d'Or, Rafillou, Boucherie, et tout le Queyroix (Carrefour) de Saint-Pierre ; tout *cela était entouré de murs épais et fossés pleins d'eau.*

Voici les noms des principales tours et portes de remparts de Limoges, en commençant du côté du midi par la porte des Arènes : Porte des Arènes, tours du Saint-Esprit, de Pisse-Vache, des Déjets, du Bourreau, porte de Banc-Léger, porte Manigne, tours de la Prison, porte de la vieille Monnaie, porte Boucherie, tour de Mirebœuf ou éperon de Saint-Martial, tour Damblard, dite Braulaud, tour des Prisons, porte Montmallier, tour ou éperon de Saint-Mathieu.

Il y avait aussi la porte Orlogette ou Poulaikère, la porte Fustine, le portail Imbert, la porte Poissonnière, qui servirent de défense à l'enceinte du Château, vers le milieu du moyen-âge : la Cité avait également ses tours et portes, notamment la porte du Naveix, rendue mémorable par la blessure qu'Henri le jeune, frère de Richard, y reçut à la tête, en 1183, et par l'introduction du prince noir, en 1370. la porte Panet était au haut de la route de Saint-Léonard.

En 1077, on fonda le prieuré et l'hôpital de la Monnaie, qui relevait de l'abbaye de la Règle ; en 1158, l'hospice Saint-Gérald ; dans le XIe ou XIIe siècle, Saint-Maurice en face des Allois et de la Providence ; en 1219, la première église des Jacobins ou des Dominicains ; en 1236, ou un peu plus tard, les Andeix, bâtimens triangulaires, destinés à servir de marché, en trois endroits de la ville ; en 1223 ou 1244, les Frères Mineurs ou les Cordeliers ; en 1260, les grands Carmes ; en 1074, les petits Carmes de la Cité ; en 1281, la maison des Templiers ; en 1290, les Augustins ; en 1315, Saint-Aurélien et les Clairettes ; en 1454, Saint-Pierre-du-Queyroix ; en 1458, le Crucifix ; en 1474, l'Hôtel-de-Ville ou Mairie ; en 1525, le Collége et l'église des Jésuites ; en 1534, Saint-Domnolet ; en 1614 ou 1616, les Récollets de Saint-François ; en 1620, les Allois ; en 1634, les Carmelites ; en 1648, la Visitation de Sainte-Marie ; en 1654, la Providence ; en 1657, le séminaire de la Mission ; en 1666, le séminaire de Saint-Sulpice ; en 1672, les Ursulines ; en 1698, les Sœurs de la Rivière ; en 1721, le château de Beau-Séjour ; en 1743, la porte Tourny ; en 1758, les Sœurs de la Croix ; en 1787, l'évêché actuel.

Mais ces édifices ne furent la plupart que réédifiés sur les ruines d'autres plus anciens, ou ont eux-mêmes servi de fondation à d'autres plus modernes ; car, dans l'espace de plus de 1880 ans, qui se sont écoulés, depuis que les Romains entrèrent dans les Gaules, Limoges a dû changer plusieurs fois de forme et de figure ; les réparations et reconstructions, n'eussent-elles été nécessaires que par les ravages du temps ou la vetusté. Mais il a dû changer encore plus, même de base et de site, par suite des dévastations de la guerre, dont il a été constamment le théâtre dans les premiers siècles.

Il en devint en effet le théâtre, 52 ans avant J.-C., lorsque les Romains voulurent s'en emparer ; en 415, lorsque Vallia, à la tête des Visigoths, pénétra dans le Limousin, ou lorsque, en 472, les Vandales y furent appelés par le traître Stillicon, ministre d'Honorius ; en 507, lorsque Clovis, à la tête des Francs, disputa le terrain aux Visigoths, et les chassa en tuant Alaric II, leur roi, de sa propre main ; en 574, lorsque la guerre civile, qui fut occasionnée par le partage que les successeurs de Clovis firent de la monarchie, désola l'Aquitaine, et que Limoges, prise et reprise, fut brûlée et presque détruite ; en 732, lorsque Charles Martel eut défait à Tours les Arabes d'Espagne, et que des bandes mises en déroute s'en répandirent dans le Limousin, et le ravagèrent ; en 768, lorsque Pépin-le-Bref, irrité contre Waïsfer, duc d'Aquitaine, vint assiéger la ville ; en 846, lorsque les Normands, qui avaient déjà ravagé une partie de la France occidentale, se répandirent dans l'Aquitaine et y commirent les plus horribles excès ; en 898 et temps postérieurs, lorsque la féodalité eut organisé le brigandage, et qu'on ne pouvait presque plus voyager que par caravanes ; en 1172, lorsque, par suite du transport qu'Eléonore, fille de Guillaume X, avait fait de la propriété de l'Aquitaine à la maison régnante, en Angleterre, en se mariant avec Henri II, les fils de ce prince se disputèrent la souveraineté de la Guienne ; en 1259 jusqu'en 1438, lorsque Philippe-Auguste, ayant fait confisquer tous les fiefs que Jean-sans-Terre possédait en France à raison du meurtre d'Arthur, son neveu, les gouvernemens de France et d'Angleterre vécurent, pendant tout ce temps, en hostilité ; en 1426 jusqu'en 1442, lors des contestations que la ville eut avec Jean de Bretagne et ses descendans qui voulaient se faire reconnaître pour vicomtes de Limoges ; enfin, en 1556 et durant plusieurs années postérieures, lorsqu'éclatèrent les guerres de la Ligue, colorées du prétexte de religion, contre le protestantisme.

Les annales du pays observent que, en 846, la ville fut détruite pour la 4e fois depuis Alaric, et à peine s'était-il écoulé 325 ans, elles observent qu'elle fut encore détruite peu de temps après dans une seconde invasion de barbares. En 1370, le prince de Galles, dit le prince Noir, fit à Limoges un carnage affreux, il fit égorger même les vaincus, qui demandaient leur grâce à genoux ; près de 18.000 personnes périrent ou par les flammes ou par le glaive ; les églises ne furent pas même respectées ; *les tours et les remparts furent abattus ;* la Cité resta long-temps en ruine et presque inhabitée.

Il fallut donc réédifier plusieurs fois la ville en tout ou en partie, ainsi que les tours et les fossés. La foudre, qui frappa à divers intervalles les pointes de plusieurs clochers, en exigea autant de fois la reconstruction. Celui de Saint-Etienne, par exemple, fut abattu par la foudre en 1483, après en avoir été frappé différentes fois à des époques plus reculées. Il le fut encore en 1484 et en 1571. La basilique elle-même fut réédifiée en 1012. Détruite de nouveau, probablement par les Anglais, dans le XIVe siècle, et encore reconstruite. Le mur d'enceinte de la ville s'étant écroulé, en 1215, du côté du quartier Banc-Léger, par suite de constructions que de riches marchands voulurent y adosser, on obligea ceux-ci à les réparer; mais ils ne réparèrent pas tout le dommage, car le vicomte Guy avait profité de cette brèche pour pénétrer dans la ville et en maltraiter les habitans. En 1533, les consuls firent encore relever partie des murailles et quelques tours écroulées. En 1567, M. de Vertillac, envoyé par le roi pour commander Limoges, fit encore rétablir les fortifications et les fit mettre en état de défense contre les Huguenots.

Ces temps de trouble et de barbarie écoulés, il devenait nécessaire, dans l'intérêt de la salubrité publique, de faire disparaître ces tours, murs et fossés, qui entretenaient l'obscurité, l'humidité et le mauvais air dans la ville, et d'autant plus nécessaire que, dans le XIe siècle, depuis les croisades, Limoges avait été affligé de fréquentes épidémies, que la famine, la misère, rendaient souvent plus intenses; c'est un besoin que le sage Turgot, intendant de Limoges, fut le premier à sentir; il ordonna donc la démolition de ces tours et murailles, et elle fut effectuée en 1765 et 1766; d'ailleurs, les matériaux étaient nécessaires pour bâtir la maison de Force et les casernes, que M. Turgot avait toujours désiré d'établir à Limoges. Cette démolition entraîna celle du monument de reconnaissance que les habitans de Limoges avaient élevé, en 1712, à la mémoire de M. d'Orsay, leur ancien intendant. C'était une pyramide placée sur le même local qu'occupe actuellement la maison de M. Corret, commissionnaire de roulage, à côté de la place de la Terrasse, ce qui a donné à cette partie du boulevard le nom de la Pyramide.

La ville était alors partagée en neuf quartiers qui fournissaient chacun une compagnie à la milice bourgeoise. Ils portaient le nom de Consulat, Manigne, les Bancs, Ferrerie, le Clocher, les Combes, Boucherie, Lansecot, Rue-Torte. Il y avait encore de petits cantons accessoires, tels que le Verdurier, Banc-Léger, l'Arbre-Peint, etc. Toutes ces compagnies étaient commandées par un colonel dont la charge était héréditaire. C'est M. Peyroche-du-Reynou qui était titulaire, lorsque la révolution changea cette milice, et lui enleva un grade qui était dans sa maison depuis un grand nombre d'années. La Cité était divisée, comme la ville, en plusieurs quartiers; elle ne cessa d'avoir son administration particulière qu'en 1791, époque où elle demanda à être réunie à la ville. M. Brigueil en fut le dernier maire.

On a vu que sous la domination romaine, les 17 provinces de la Gaule étaient sous le gouvernement direct de six proconsuls et de onze présidens. Mais Limoges avait son administration particulière calquée sur la forme du gouvernement romain; ses premiers magistrats étaient des consuls. Lorsque Clovis eut fait la conquête de l'Aquitaine, dans laquelle le Limousin s'était trouvé placé depuis la circonscription romaine, l'Aquitaine fut érigée en royaume; il y eut des ducs et des comtes, et Limoges eut un vicomte. Mais les comtes furent plutôt créés que les ducs. Les comtes furent les gouverneurs de la province. Le 1er comte fut Jucondius, en 545; et le 1er duc d'Aquitaine fut Eudes, en 687. En 815, le duché fut conféré à Ranulfe, et le titre de comte à Roger. Les ducs possédaient sous la condition de foi et hommage envers le roi. On sait que leurs titres, d'abord amovibles, furent rendus héréditaires. Le duc d'Aquitaine ayant voulu se rendre indépendant comme les autres, Eudes, devenu roi d'Aquitaine, pour se procurer des auxiliaires, institua, en 887, des vicomtes à Limoges, pour la ville seule. Le premier fut Fulchérius ou Foucher. Ses successeurs sont ignorés jusqu'à Gérald ou Gérard; mais, à partir de celui-ci, l'hérédité de la vicomté se poursuit jusqu'à Henri IV, en passant par la maison de Ségur, celle de Comborn, celle de Bretagne, et arrivant à la maison d'Albret. Il y eut un procès, pour la vicomté, entre la ville et Jean de Bretagne et ses successeurs, procès qui se termina en 1442. Henri IV réunit la vicomté à la couronne. La magistrature consulaire disparut à compter de la création de la féodalité; mais dès que Louis-le-Gros eut commencé, sur la fin du XIe siècle, le grand ouvrage de l'affranchissement des communes, elles reprirent d'elles-mêmes leur ancienne forme de gouvernement.

Limoges en particulier obtint de Charles VII l'inappréciable avantage de se gouverner elle-même; d'élire douze consuls ou prud'hommes à qui les clefs de la ville demeureraient en garde. Ils veillaient à la police et à la sûreté de la ville; ils étaient chargés de la répartition des impôts, et jouissaient de plusieurs droits et priviléges qui leur furent souvent disputés par les vicomtes et les abbés de Saint-Martial. L'un de ces priviléges était d'acquérir et posséder des fiefs nobles, sans redevances et sans aucunes servitudes, et celui-ci fut étendu, en 1606, par Henri IV, aux enfans mâles des consuls.

En 1474, il s'éleva des difficultés pour la nomination des consuls. Des mécontens persuadèrent à François de Pontbriand, sieur de la Vilate, de demander à Louis XI l'office de maire, jusque-là inusité à Limoges; il l'obtint;

en lui enjoignit un sous-maire et sept échevins ; mais il s'acquitta mal de cet emploi. Charles VIII, par un édit, abolit cette dignité et rétablit les consuls.

On a déjà vu de quelle importance était la ville de Limoges quand la Gaule fut soumise aux Romains. Cette ville devint encore bien plus importante quand Sédulius eut obtenu le titre de proconsul et celui de gouverneur de la Celtique, et quand saint Martial y fut venu prêcher la foi, à quelque époque que se soit exécutée sa mission, ou en 46 après J.-C., ou en 250. Par le premier, Limoges obtint un gouvernement semblable à celui de Rome. La charte octroyée, en 1365, par Edouard, roi d'Angleterre, établit en effet que les consuls avaient la police et l'administration entière de la ville ; que c'étaient eux qui rendaient ou qui faisaient rendre la justice. Par le premier, Limoges eut un capitole et un sénat ; et par le second, elle obtint une église qui fut nommée la première des Gaules, et dans laquelle se formèrent les prélats les plus illustres. La foule s'empressa de venir entendre l'Apôtre de l'Aquitaine, et, après sa mort, il y eut encore une plus grande affluence de pèlerins qui accoururent de tous côtés pour visiter son tombeau. C'est à cette époque que Limoges reçut le nom de seconde Rome, et fut *même surnommée la sainte.*

Un grand nombre de rois de France et de papes conçurent le désir de la visiter, et ils l'exécutèrent : Clovis, en 507 ; Pepin-le-Bref, en 764 ; Charlemagne, en 800 ; Louis-le-Débonnaire, en 832 et 834 ; Charles-le-Chauve, en 848 ; Eudes, en 886 ; Lothaire, en 985 ; Louis-le-Jeune, en 1137 ; Louis VIII, en 1218 ; Saint Louis et la Reine Blanche, en 1260 ; Philippe-le-Hardi, en 1273 et 1284 ; Charles VII, en 1420 et 1438 ; Louis XI, en 1462 et 1465 ; Henri IV, en 1605, et Louis XIII, en 1632 ; le pape Urbain II, en 1095, et le pape Clément V, en 1307.

Et quoique Limoges eût été classé dans la métropole de Bourges, par la division de l'Aquitaine qui avait été faite, sous Adrien, en trois parties; quoique les rois ou ducs d'Aquitaine eussent fixé leur résidence à Bourges, ils n'en choisirent pas moins, dans les premiers siècles, Limoges, pour se faire couronner. Le duc Eudes s'y fit couronner dans la basilique de Saint-Etienne, en 687; Charles, fils de Charles-le-Chauve, après lui, son frère, Louis-le-Bègue, en 867 ; et le roi Eudes s'y fit couronner, dans l'abbaye de Saint-Martial, en 886. Ils recevaient, de la main de l'évêque, l'anneau de sainte Valerie pour signe d'investiture.

Saint Martial, par ses vertus, était tellement en vénération au peuple, que Louis-le-Débonnaire reconnut publiquement devoir à ses mérites d'être rétabli sur le trône dont ses fils l'avaient fait descendre ; et la foi catholique qu'il avait enseignée et répandue dans l'Aquitaine, avec ses pieux et vénérables successeurs, saint Yrieix, saint Eloi, saint Léonard et saint Junien, était si profondément enracinée dans tout le Limousin, et surtout à Limoges, que lorsque le calvinisme éclata, vers le milieu du XVIe siècle, il ne put y faire aucune brèche, malgré tous les efforts de la reine de Navarre, la mère d'Henri IV, pour y semer et faire adopter cette hérésie, présentée sous le nom de réforme.

Aussi des souverains, des papes et des cardinaux enrichirent-ils l'église de Saint-Martial de magnifiques dons qui firent, de ses abbés, des seigneurs aussi riches que puissans. Pepin-le-Bref lui fit hommage, entre autres choses, après sa victoire sur Waïffer, de la bannière du duc et de son épée. Grégoire XI lui donna deux coupes d'or d'un travail exquis pour renfermer le chef de saint Martial. Le faible héritier de Charlemagne accorda même aux évêques de Limoges *la justice et seigneurie de la ville*, concession dont la cause amenée par Grégoire IV, *fut d'un dangereux exemple*, puisqu'elle contribua beaucoup, par la suite, à rendre rivaux le pouvoir spirituel et le pouvoir temporel.

L'enseignement de la religion ne nuisit pourtant pas, à Limoges, à la culture des lettres. C'est sur des mémoires laissés par des religieux, et trouvés dans des monastères, qu'on est parvenu à obtenir quelques parcelles des Annales du Limousin. On a essayé, dans ces mémoires, de rechercher le langage de ce pays. Le savant abbé Nadaud prétend qu'il est un mélange de grec, d'hébreu et de latin. La fusion de l'étymologie grecque est la plus difficile à expliquer. Or, suivant l'Histoire littéraire de la France, à laquelle travaillèrent deux savans Bénédictins de ce pays, don Poncet et don Colom, suivant M. Dacier, la langue grecque était autrefois très répandue dans la Gaule, surtout dans la Provence; il y avait des écoles où on l'enseignait, et, *au VIe siècle*, elle était tellement familière dans le diocèse d'Arles, que, du temps de saint Césaire, on y chantait les psaumes et les hymnes en grec et en latin.

Suivant le même abbé Nadaud, la langue limousine ou patois, dont les abbés Roby, Richard et Foucaud ont laissé diverses formules tant en prose qu'en vers, se parlait habituellement, en 1212, dans les cours d'Espagne, de France et de Catalogne. Les poètes italiens ne dédaignèrent pas de l'étudier. Le Dante et Pétrarque n'en parlent qu'avec éloge ; mais cette langue déchut à proportion que la langue française se forma et se mit en usage.

On ne s'en tint pas à l'instruction primaire dans le diocèse de Limoges, on étudia aussi de bonne heure les belles-lettres, l'éloquence, la poésie, l'histoire, l'astronomie, les mathématiques, l'architecture, la sculpture et la peinture ; on cultiva aussi toutes les branches du commerce. Les deux Rorices et saint Féréol, qui furent évêques de

Limoges ; saint Yrieix, saint Eloi et autres prélats illustres que produisit l'église de Limoges pendant les premiers siècles, ont laissé des fragmens de plusieurs écrits estimés. Bechade-de-Lastours fit un poème sur la première croisade, qui a été regardé comme l'un des plus anciens monumens de la poésie française. Un siècle plus tard, Anselme Feydit, mort en 1220, se distingua dans la foule de troubadours qu'enfanta le midi de la France ; Géraud-de-Borneil se rendit célèbre, en 1275, par des chansons et autres genres de poésie ; Pétrarque en parle avec les plus grands éloges. En 1099, Pierre d'Ecolatre, moine de Saint-Martial, composa aussi un poème latin. Les écrits historiques, tous rédigés par des moines de cette contrée, sont en nombre prodigieux. Outre Adhémar-de-Chabannes, on voit figurer parmi eux, en 1170, Geoffroi, prieur de Vigeois ; au commencement du XIIIe siècle, Bernard Ithier, bibliothécaire du couvent de Saint-Martial; dans le même siècle, Pierre Coral, abbé de Saint-Martin ; et dans les derniers siècles, Bonaventure de Saint-Amable, Carme-Déchaussé ; l'abbé Nadaud et l'abbé Legros, tous deux de ce diocèse. En 464, un nommé Victorius inventa un nouveau cycle pascal. Dans le IXe siècle, Gérald de Saint-Augustin fut tenu pour magicien par le peuple, parce qu'il était savant en mathématiques et en astrologie, comme en théologie et en musique. Il composa plusieurs morceaux qui se chantent encore aujourd'hui.

M. Allou, dans sa Description des monumens de différens âges du département, remarque qu'il y a très peu d'édifices religieux qui remontent au-delà du IXe siècle ; il dit qu'on croit généralement que le style des plus beaux appartenait aux Arabes et surtout aux Maures d'Espagne, conjecture qui coïnciderait assez avec la retraite que plusieurs de ces Maures, échappés, en 732, à la déroute de Tours, vinrent prendre en Limousin. Mais les Limousins durent concourir à ces ouvrages, et Collin cite un Amasius comme un excellent architecte, dès le IIe siècle, qui aurait élevé en marbre tout le devant du tombeau de saint Martial.

L'art de l'orfèvrerie fut connu à Limoges au moins depuis le VIe siècle, et l'on voit qu'une fabrique des monnaies y était en activité. On conserva dans les églises de Limoges des vases d'un travail précieux et qui annonçaient un talent fort remarquable.

Les Limousins cultivèrent aussi, on ne sait précisément depuis quelle époque, un art précieux dont les procédés n'ont malheureusement pas été transmis à notre génération : c'est l'art de peindre sur émail et sur verre. Mais les premiers essais remontaient au moins au temps de Louis-le-Jeune, c'est-à-dire en 1137. On trouve dans Ducange, Moréri et beaucoup d'autres, que les Limousins excellaient à travailler les émaux ; les *eaux de la Vienne* étaient, dit-on, extrêmement favorables à ce genre d'ouvrage, en ce qu'elles contribuaient à donner de la vivacité aux couleurs. Il nous reste encore de beaux échantillons de la peinture sur verre : ce sont les *vitraux* de Saint-Etienne et de Saint-Pierre.

M. Maurice Ardant, savant archéologue, a fourni, en 1828, à la Société d'agriculture, sciences et arts, un article très remarquable, rapporté au n° 3 du tome 7 de son Bulletin, dans lequel il a établi que les Limousins avaient hérité des Gaulois de l'art de peindre sur émail. Les Gaulois excellaient dans cette peinture dès l'époque qu'Annibal passa dans les Gaules. Les Grecs et les Egyptiens nous ont laissé des monumens de leur habileté dans ce genre de travail. On ne sait si les Romains le tenaient aussi d'eux ; mais, à l'époque même de la guerre punique, ils avaient, dans l'intérieur de leurs maisons, beaucoup de décorations en émail. Cet art avait pénétré dans le Limousin depuis l'époque saint Eloi, qui en était natif ; car plusieurs auteurs ont vanté en ce genre l'excellence de ses ouvrages. Les émaux sortis des ateliers de Limoges avaient déjà de la réputation sous le règne de Louis VII. En 1197, l'Italie avait orné ses églises de nos chefs-d'œuvre dans cette partie. L'Angleterre en tirait, à la même époque, de notre ville, à grands frais. En 1317, le roi de France, Philippe dit le Long, en commanda à nos artistes, qu'il destinait au roi d'Arménie.

Il y avait différentes branches de fabrications d'émaux, entre autres celle des coffrets qu'on nommait *œuvres* de Limoges. On a vu dans cette ville plusieurs ornemens de sculpture sur émail : le retable de l'autel de la collégiale de Saint-Martial en était un ; il était orné de plaques de cuivre émaillé, relevées en bosse, qui annonçaient la plus grande antiquité. Le plus célèbre des émailleurs connus fut un nommé Léonard, qui florissait en 1540. François Ier fonda à Limoges une manufacture d'émaux, dont il lui donna la direction. Et ceux qui paraissent avoir pratiqué cet art le plus récemment sont les nommés Nouailher, qui vivaient en 1686, 1717 et 1765. Pour avoir de plus amples notions sur la pratique de cet art, on peut lire l'ouvrage de M. Ardant ; on y verra aussi qu'on avait tellement trouvé celui de mettre l'or en œuvre, que de deux grains d'or on faisait une paire de couteaux propres à couper le bois, une gaine et une chaîne de 120 anneaux.

Il serait trop long de parler des costumes limousins, qui ont dû varier à l'infini, comme les mœurs, les lois et le langage, depuis les Romains jusqu'à présent ; il faudrait pour cela un tableau qui embrasserait trop de détails, et que ne permet pas une légère esquisse, quand la tradition en fournirait les élémens ; mais il convient de remarquer que, suivant Louis Coulon en son Ulysse français, *il n'y avait pas trois femmes à Limoges qui eussent l'habit de de-*

moiselle; et qu'en 1420, quand Charles VII passa à Limoges, il ordonna aux consuls de faire changer la coiffure des bourgeoises et d'en prendre une autre, telle qu'elles voudraient choisir, à la mode de France.

L'on parlait habituellement patois dans toutes les maisons jusqu'à la révolution de 1789. Cependant Limoges avait une intendance dont la généralité, divisée en cinq élections, avait pour siéges Limoges, Brive, Tulle, Angoulême et Bourganeuf, et qui comprenaient le Haut et le Bas-Limousin, la Basse-Marche et la plus grande partie de l'Angoumois. Elle avait un diocèse plus grand que le diocèse actuel, un présidial, un sénéchal, une juridiction consulaire, *instituée*, en 1565, par Charles IX, un gouvernement militaire, un bureau des finances, une direction des fermes. On a déjà vu qu'elle avait un hôtel des monnaies, du moins depuis le VIe siècle. Louis XII, par un édit, confirmé par ses successeurs, avait exempté les habitans de Limoges du ban et arrière-ban, en payant la taille ; *mais aucun homme illégitime* ne pouvait tenir de fief en Limousin, ni posséder aucune charge publique.

ÉTAT ACTUEL DE LIMOGES.

La ville conserve toujours son site géographique de 985 et 1150, c'est-à-dire son enceinte circonscrite par un boulevard dans le lieu autrefois appelé Château, ses faubourgs, ses deux ponts de Saint-Martial et de Saint-Etienne ; mais pour le coup-d'œil elle a presque entièrement changé de face. La révolution de 1789 a complètement effacé du sol de la ville la plupart de ces anciennes maisons monastiques qui répandaient autour d'elles un air sombre et triste, malgré le son des cloches qu'elles ne cessaient de faire entendre. Elle a aussi fait disparaître bon nombre de grandes et de petites églises qui ont été transformées, soit en édifices publics, ou bâtimens séculiers, soit en places publiques ; et de ce nombre se trouvent l'église et l'abbaye du grand Apôtre de l'Aquitaine, dont la vénération et les reliques donnèrent à la capitale du Limousin tant de splendeur. Les derniers vestiges des vieux murs du tour de ville, qui existaient encore en 1800, du côté des boulevards Sainte-Catherine, attenant du côté du sud à la porte des Arènes, ont été détruits et remplacés par la façade d'assez beaux bâtimens, notamment un. Le presque entier boulevard s'est aussi couvert de maisons sur les deux côtés de la largeur, excepté les parties qui longent l'ancien mur des Ursulines, le jardin du Collége, la terrasse de la place Fitz-James et le jardin de la maison Guytard. Les trois quarts au moins de cette circonférence ont été bordés d'arbres ; et tous les faubourgs ont été grandement allongés, en raison de l'augmentation de la population depuis 1150 ; et même depuis que M. Turgot, intendant, fit combler les fossés et abattre les tours et murailles de l'enceinte de la ville appelée Château.

Ces changemens de surface, dont la cause de l'un fut triste d'abord pour la société, par la discorde qu'elle y alluma, n'ont pas moins, par leur effet, tous contribué à procurer à la ville plus de salubrité et d'agrément.

Ce ne sont pas les seules innovations utiles et agréables qui ont été faites à Limoges en constructions et réparations.

En 1790, tout un quartier de la ville, depuis Landeix-Manigne en tirant du côté du sud et tournant vers la place des Bancs, avait été brûlé; les rues des Grandes et Petites-Pousses avaient été comprises dans ce désastre; la rue qui descendait à la place des Bancs et aboutissait à la rampe des Ursulines, avait été aussi endommagée; c'était une petite rue très étroite et sombre. M. Desroches, qui était maire en 1793, la fit élargir et y fit construire la rue Haute-Vienne, qui est l'une des plus larges de la ville, et qui démasque la vue de la place des Bancs du côté qui descend au pont Saint-Martial.

Les arbres de la place d'Orsay (place que M. d'Orsay, l'un des intendans de la généralité de Limoges, avait fait tracer sur l'emplacement des Arènes démolies) devenant bois-mort, M. Noualhier, maire, les fit arracher, en 1801, et fit faire la nouvelle plantation dont les jeunes arbres prêtent aujourd'hui, en été, aux promeneurs, leur fraîcheur et leur ombrage et embellissent la place en toute saison. Il y avait trois boulingrins sur cette même place: l'un circulaire, les deux autres triangulaires. On avait remarqué qu'ils servaient d'écueil, la nuit, à la sûreté et à la pudeur; il les fit combler, niveler, et ceindre d'un triangle de tilleuls dont les rameaux forment, depuis le printemps jusqu'à l'hiver, une agréable voûte de feuillage.

En 1808, un décret impérial du 16 juin ayant ordonné l'établissement en France de maisons centrales pour recevoir des détenus, et un autre décret, du 3 octobre 1810, ayant désigné Limoges pour être le siège de l'une de ces maisons, et, pour recueillir les condamnés des départemens du Cher, de la Charente-Inférieure, de la Charente, de l'Indre et de la Haute-Vienne, on convertit en maison centrale, ou maison de dépôt, l'ancien local des Bénédictins, situé au fond de l'allée de Tourny, jadis l'allée des Bénédictins. Il avait été acquis nationalement par M. Grellet-des-Prades. C'est M. de Fleurelle qui l'avait revendu à Mlle de Brette, pour y tenir un pensionnat de demoiselles. Mlle de Brette le rétrocéda au gouvernement et acheta les Feuillans. Les travaux, pour donner à cette maison de sûreté tous les êtres et toutes les conditions nécessaires, furent longs et dispendieux; mais ils furent achevés en 1814, encore par les soins de M. Noualhier-la-Borie, maire.

La Maison-Centrale est aujourd'hui l'un des plus importans édifices de Limoges. Sa façade ferme l'allée de Tourny; elle est construite entièrement en pierre de taille; son portail est à grand cintre. Un superbe cadran, incrusté dans le mur, orne le fronton du bâtiment. Peu de temps après, on renouvela les arbres dont l'allée était complantée, on doubla les rangées d'arbres qui sont maintenant en pleine vigueur.

M. Turgot avait fait le projet, durant le temps de son intendance, de prolonger la rue Croix-Neuve, qui part de celle du portail Imbert, jusqu'au boulevard de l'ouest, en face des pénitens gris, mais il rencontra des obstacles; en 1791, M. Nieaud, maire, reprit ce projet, il fallut encore attendre que la maison du coin fût en état de démolition (car alors il n'existait pas de loi d'expropriation forcée pour cause d'utilité publique), c'est ce qui arriva; le projet fut alors mis à exécution; en 1816, M. Athanase-la-Bastide était maire; on ouvrit la rue désirée, et on lui donna le nom *de Turgot*, nom justement appliqué, car nul autre intendant n'avait mieux mérité qu'on immortalisât sa mémoire, à Limoges, par un monument.

Le terrain qui séparait la maison l'Andouille, jadis commencée pour servir d'Hôtel-de-Ville, et l'auberge de la Pyramide, devenue maison Corret, était bordé du côté du boulevard, d'un mauvais mur, surmonté de ronces et de buissons, les terres qui les soutenaient s'éboulaient de toutes parts. Cet endroit offrait le plus vilain aspect ; M. Athanase-la-Bastide y fit construire le mur de terrasse qu'on voit actuellement ; et fit complanter le terrain en rangées d'arbres formant plusieurs petites allées. Cette place sert aujourd'hui de supplément à la place Royale.

La place Royale portait jadis le nom de place Saint-Martial, mais celle-ci était moins étendue, car elle se trouvait derrière l'abbaye et à côté de l'église Saint-Martial ; lorsque le gouvernement se fut emparé de ces édifices ; la municipalité en demanda la démolition, pour donner du jour à la rue du Clocher, et elle forma le projet, en 1791, de réunir le surplus du sol à la place des Arbres ; le projet fut encore exécuté en 1818, sous les ordres de M. Athanase-la-Bastide, en qualité de maire ; on donna à la place Royale la grandeur qu'on lui voit actuellement, mais on la surnomma la place des Barraques, parce qu'on y construisit de petites échoppes en bois pour servir, durant les foires, à l'étalage des marchandises ; ce n'est qu'après qu'elle reçut le nom de place Royale.

Le grand bassin appelé les Etangs, qui fut construit, dit-on, en 1217, sous la domination anglaise, à côté de la fontaine d'Aigoulène, dont il reçoit les eaux, répandait dans tous les temps, mais surtout durant les chaleurs, une exhalaison infecte ; en 1817, M. Cruveilher, aujourd'hui professeur à la faculté de médecine de Paris, signala, dans un mémoire fort remarquable, les dangers de laisser subsister au milieu d'une ville populeuse ce réceptacle impur d'immondices et d'ordures. On a lieu de croire que ces sages observations contribuèrent beaucoup à déterminer l'autorité municipale à le supprimer, parce qu'il était devenu le réceptacle des vidanges de la boucherie, et de toutes les immondices du quartier; il était de plus un écueil toujours ouvert à la sûreté publique, parce qu'il n'avait pas de garde-corps, et qu'il pouvait servir de recel aux traces du crime; l'administration municipale jugea nécessaire de le faire fermer; elle le fit couvrir d'une voûte en pierre en 1819; M. Athanase-la-Bastide était encore maire; M. Fournier, commissaire-voyer, dirigea les travaux.

Déjà et depuis 1815, il avait été fait une nouvelle plantation d'arbres au cours de Tourny. Elle eut lieu sous la mairie de M. Bourdeau, qui n'en sortit que pour passer à de hauts emplois dans l'ordre politique et judiciaire. M. de la Bastide, neveu de M. Athanase décédé, qui remplaça M. Bourdeau dans la place de maire, fit ouvrir en 1829, la rue dite de Paris, qui part du fond de la place Dauphine et débouche dans la rue Croix-Neuve, en rasant à droite la rue Turgot; amélioration qui est l'une des plus importantes qui aient été faites à Limoges, parce que, outre l'augmentation de la facilité et de l'agrément des communications, elle ouvre à la rue Croix-Neuve, à celle des Prisons et à la place des Etangs qui sont à la suite, un courant d'air et de vent du nord, qui vient assainir toute cette ligne et tout le quartier de la Poissonnerie.

Sous l'administration du même M. La Bastide, le conseil municipal avait formé le dessein de faire construire une grande place pour tenir les foires des chevaux, et pour faire faire les grandes manœuvres et évolutions militaires, soit à la garde nationale, soit à la cavalerie ou infanterie qui seraient en garnison à Limoges; on fit, pour cela, l'acquisition de ce qu'on appelait autrefois les terres de Poilevé. M. Alluaud aîné, devenu maire à la suite de la révolution de juillet, fit exécuter ce projet, et la grande place de Juillet qui communique par le bas à la place Tourny, et par le haut au boulevard du côté de la place Dauphine, par deux allées de 72 à 80 pieds de largeur chacune, fut construite et façonnée en 1831.

On nivela autant qu'on put le terrain, on éleva sur les quatre côtés des banquettes de 4 à 5 pieds de hauteur, au-dessus du sol de l'intérieur de la place, et au moins de 72 pieds de large, pour servir de marche pied aux promeneurs et aux curieux dans les réunions publiques. On fit planter chacun des côtés de deux rangs d'arbres, de même que les allées aboutissantes à la place ; c'est un carré long ou une espèce de parallélogramme assez régulier, qui peut avoir 418 pieds de long sur 220 de large, c'est-à-dire près de 30.000 mètres carrés.

Le foirail des bêtes à cornes se tenait ordinairement, à Limoges, sur la place d'Aisne, qui a reçu aussi le nom de place des Arènes et place de la Révolution ; ce foirail était incommode, en ce que les voies de communication des routes publiques, qui traversent cette place, étaient interceptées ainsi que celle des habitans. Pour le rendre plus commode au public, on avait conçu le projet de le placer sur l'emplacement du cimetière des pénitens gris, qui avait été supprimé. L'aspect de ce local présentait un coup d'œil attristant, il était plein d'excavations, le mur qui en soutenait les terres du côté de la rue qui conduit à la maison Brousseau, était pourri de vétusté, et s'écroulait par lambeaux sur cette rue ; on fit raser ce mur, niveler le terrain qui présente un plan incliné, depuis la place d'Orsay jusque vers la rue dont on vient de parler, et on en fit un champ de foire en 1831. Cette amélioration eut encore lieu par les soins de M. Alluaud, maire, après avoir été arrêtée par le conseil municipal.

Limoges n'avait d'autre endroit pour tuer les bestiaux que la rue Torte, rue où sont à peu près ramassés tous les bouchers. Depuis long-temps, elle supportait l'odeur infecte qu'exhalaient le vidange des animaux, et le lavage des entrailles que l'eau croupissante des Etangs roulait avec le sang et les osselets : spectacle dégoûtant s'il en fut jamais ; depuis aussi long-temps, l'établissement d'un abattoir était désiré à Limoges, pour améliorer encore plus la salubrité ; il était aussi nécessaire pour mieux assurer la perception des droits d'octroi. Le conseil municipal fit acheter une partie du pré Beau-Séjour, appartenant à M. Chabacque, et M. Alluaud fit édifier l'établissement désiré. Les travaux furent achevés en 1832. Ces bâtimens, convenablement placés, sont de la plus remarquable structure ; ils sont bâtis en pierres et en briques. On y trouve la solidité et l'agrément, avec toutes les commodités nécessaires.

Le foirail des bêtes à cornes, étant placé sur l'ancien cimetière des pénitens gris ; il devenait nécessaire d'établir une rue de communication, entre ce foirail et la place des Carmes, située au-dessus de la place d'Orsay ; cette rue ne pouvait être ouverte que par la tranchée de cette dernière place, prise par le haut ; l'opération fut ainsi décidée par le conseil ; on déblaya cette partie ; on rencontra dans la tranchée, les vestiges de l'ancien amphithéâtre des Arènes, avec ses murs à petites pierres carrées, telles que les employaient les Romains, murs encore sains et très bien cimentés. Là, on éleva un superbe mur de terrasse de 12 ou 15 pieds de hauteur, dont le parapet est tout en pierres de taille. On traça la rue au-derrière, entre la place d'Orsay et la maison Chibois, jusqu'à la place des Carmes. On la fit paver en gros moellon à tête carrée, et on lui donna le nom de rue de *l'Amphithéâtre*, pour rafraichir le souvenir de la domination romaine. Ces travaux furent achevés en 1833 ; ce fut encore M. Alluaud, maire, qui le fit exécuter, M. Fournier, commissaire-voyer, ayant tracé le plan.

Le genre de construction des deux ponts, de Saint-Martial et de Saint-Etienne, ne se trouvant plus en harmonie avec l'élégance des ouvrages d'architecture moderne, et leur largeur surtout, étant loin d'être en rapport avec le mouvement d'un roulage, pour lequel ils n'avaient pas été destinés, en rapport avec l'importance d'une grande ville de commerce et d'une capitale de département, étant surtout trop étroite pour le passage de deux voitures de front, et les ponts menaçant ruine par leur vétusté, on songea, en 1832, à un ancien projet qu'avait eu le prévoyant et ingénieux Turgot, d'établir un nouveau pont entre les deux premiers, au-dessous du jardin de l'évêché, et d'y réunir les deux routes de Lyon et de Toulouse. Ce projet était hardi; quelle immense profondeur n'y avait-il pas à niveler; quelle immense quantité de matériaux ne faudrait-il pas? On combina, on calcula, supputa très long-temps; cependant le projet fut arrêté, approuvé par le gouvernement; les travaux furent presque aussitôt commencés, et toucheront bientôt à leur fin. Quand le pont sera achevé, ce sera l'un des plus beaux morceaux d'architecture moderne que Limoges puisse posséder. C'est sous la mairie de M. Juge-Saint-Martin que les travaux se poursuivent.

Il reste maintenant à décrire Limoges dans son ensemble, pour en donner, s'il est possible, à ceux qui ne l'ont jamais vu, une idée aussi précise, aussi exacte que pourrait le faire un plan visuel.

Cet ensemble de la ville, centre, cité et faubourgs, est partout environné de hauteurs, au rayon inégal dans toute la circonférence de demi-quart, où d'un quart de lieue, ou de demi-lieue; c'est-à-dire que, respectivement à ces hauteurs, Limoges est situé dans un bassin ou dans un vallon. Mais son centre repose lui-même sur un plan irrégulier, car nous entendons, par centre, l'enceinte renfermée par le boulevard, et ce que, en 985, on avait qualifié de Château; et dans cet amas de bâtimens, il y a une infinité d'inégalités : la surface de la rue Monte-à-Regret, qui part de la place d'Aisne, et aboutit entre la rue Croix-Neuve, au nord, et la rue des Prisons, au midi ; en face de la rue de la Préfecture et du palais de justice, est en pente. La rue Torte, qui part de Lansecot, et se dirige entre le sud et l'est, vers la rue Banc-Léger, est en pente ; la rue du Clocher, celle du Temple, celle de Consulat, celle des Grandes et Petites Ponsses, celle de Gaignolle et celle des Combes, sont en pente rapide ; celle de Landeix-Manigne, celle du portail Imbert, celle de la Comédie, dite autrefois de Saint-François, sont presque perpendiculaires ; la place des Bancs, elle-même, où se tient le marché principal de tous les comestibles, est de surface convexe, inclinée de tous les côtés ; la même inégalité de terrain règne dans la Cité, et dans presque tous les faubourgs de la ville et de la Cité.

Le boulevard est un peu montueux, depuis la place Dauphine jusqu'à la place d'Aisne ; mais depuis la première place, en tirant à gauche circulairement, jusqu'à la rencontre de la place de la Terrasse, il est un peu rapide ; il en est de même depuis la place d'Aisne, à droite du côté du sud, en tirant vers la mairie, jusqu'à la rencontre, à gauche, de la rue qui vient de la boucherie ou du commencement du mur des Ursulines, au coin des jardins de la maison Nouailher.

L'inclinaison, en partant du centre pris au milieu de la place des Bancs, et tirant, en droite ligne, du côté du sud, se prolonge jusqu'à la Vienne, qui baigne les murs de la Cité ; et, des faubourgs Saint-Martial et Saint-Etienne, il y a, entre ces deux points, environ 600 mètres de distance.

La place des Bancs a pour embranchement, par le haut et au nord-ouest, la rue Ferrerie ; au nord-est, la rue Consulat ; au sud, la rue Bas-Lansecot et la petite rue Jauvion ; par le bas et à l'est, la rue de Landeix-Manigne ; au sud-est, la rue de la Loi et la rue Haute-Vienne ; au sud, la rue Banc-Léger.

En partant de la place des Bancs, et remontant vers Saint-Michel, la rue Ferrerie se ramifie à droite, de distance en distance, avec les rues du Temple et du Clocher, qui débouchent toutes deux dans la rue des Taules, et elle se ramifie à gauche avec la rue Pennevayre, qui prend son origine au coin de la place de la Mothe, et vient mourir contre le pavé de la principale porte d'entrée de l'église de Saint-Michel.

La rue Consulat, en descendant de la place des Bancs, se ramifie avec la rue Cruche-d'Or, qu'elle rencontre sur la droite, et qui débouche à la pointe de la rue Manigne, puis elle va faire sa jonction en face d'elle, avec la rue Fourie qui descend vers l'église de Saint-Pierre, à gauche, avec l'extrémité de la rue des Taules, et à droite avec la rue Poulaillère qui débouche dans Rafillou.

La rue Bas-Lansecot se ramifie d'abord, à gauche, avec la petite rue Jauvion ou Chaignot, puis avec la rue du Saint-Esprit, en face; avec la rue Torte à gauche, et avec la rue Haut-Lansecot à droite, avec lesquelles trois rues elle fait sa jonction, à l'angle où elle quitte la ligne du sud, pour prendre celle du nord-ouest.

La rue de Landcix-Manigne débouche à l'angle obtus ou l'angle rentrant, que forment les deux côtés de la rue Manigne, dont l'un commence au point de jonction des rues Poulaillère et Rafillou; et l'autre, partant de la rue Manigne, se prolonge jusqu'au boulevard du côté du midi.

La rue de la Loi est, tangente sur la gauche, aux rues des Grandes et Petites-Pousses, qui lui sont perpendiculaires, et parallèle à la rue de la Haute-Vienne, et elle va se terminer à une petite place qui confine, par le bas, à la rampe des Ursulines, et, par le haut, à la rue Haute-Vienne, et aux maisons Mantin, des deux côtés.

La rue Haute-Vienne va aboutir à la même petite place, après avoir rencontré à sa droite, au-dessus de la maison

Nadaud, la petite rue qui va se jeter dans la rue Banc-Léger.

Cette rue Banc-Léger, en quittant la place des Bancs, reçoit, par le haut, la jonction du bas de la rue Torte, et de l'embouchure de la rue Vigne-de-Fer, qui va joindre le boulevard, et elle se termine à la rampe des Ursulines.

A son extrémité, vers le boulevard, la rue Vigne-de-Fer rencontre, sur la droite, la rue de la Huchette qui conduit, en montant, à la rue Saint-Esprit ; cette dernière rue s'embranche, en montant à gauche, à côté et le long du boulevard, avec la rue Saut-de-Bœuf, qui se jette dans la rue Petit-Paris, et à droite, tout près de la rue Haut-Lansecot avec la rue Neuve-du-Cheval-Blanc, qui est parallèle à cette dernière rue. La rue Neuve-du-Cheval-Blanc joint la rue du Cheval-Blanc, qui aboutit, à droite, à la rue du Haut-Lansecot, et à gauche, avec la rue Petit-Paris ; à la rencontre de cette dernière rue, elle joint la rue Bellier qui monte circulairement et débouche au haut de la rue des Arènes.

Cette rue des Arènes, en partant du boulevard de la place d'Aisne, du côté du couchant, va joindre, à droite et pardevant, la rue Haut-Lansecot, et, par derrière, la rue de la Poissonnerie, ou la place de la Mothe, et à gauche, du côté du nord, la rue des Prisons, qui s'embranche au sud avec la rue Monte-à-Regret, au nord avec la rue Croix-Neuve, faisant suite avec la rue Petit-Paris, et à l'est avec la rue d'entre le Palais et la Préfecture, qui aboutit sur la place de la Préfecture.

Cette place touche à la petite place Saint-Michel, qui communique, au sud-est, par deux petites rues, la rue de Gorre et la rue Barny, à la rue du Clocher ; la même place de la Préfecture communique, au nord, au portail Imbert, dont la descente va rencontrer le point de jonction des deux rues Croix-Neuve et des Filles-de-Notre-Dame, et à l'est, à la rue de la Comédie ; au sud-est, à la rue Gaignolle, qui s'embranche avec la rue du Clocher par le bas. Cette même rue de la Comédie, en descendant, s'embranche aussi sur la droite, par la petite rue du Mûrier, avec la rue du Clocher, et sur la gauche, avec la rue Pont-Hérisson qui conduit, du côté du nord, à la rue des Combes, et du côté du midi, au bas de la rue du Clocher.

La rue Petit-Paris laisse, du côté du couchant, quelques masures de la rue des Ecoles, et communique, à l'est, à la rue des Filles-de-Notre-Dame ou à la fontaine des Barres, et du côté du sud, avec la rue Froment, avec laquelle elle est parallèle ; elle communique aussi, par la place Dauphine, à la rue des Combes.

La rue des Combes s'embranche, à partir de la place Dauphine, avec la rue Trépasse ; à gauche, en descendant, avec les rues Vaulry, Beaupuy, Pelisson, Chaudru ; à droite, avec la rue des Filles-de-Notre-Dame ; à gauche encore, avec les rues Vigenaud, Soretas, Sainte-Valerie, qui toutes, moins la rue des Filles-de-Notre-Dame, qui est située à droite, vont joindre la rue Viraclaud, qui est parallèle au boulevard du côté du nord, et y aboutit.

La rue des Combes se confond ensuite dans la rue Pont-Hérisson qui se ramifie, à l'est, avec la rue qui conduit au bas de la place Royale, et à l'ouest, avec la rue de la Comédie. La rue Viraclaud et la rue Sainte-Valerie, à leur point de jonction, s'embranchent, sur la gauche, avec le boulevard ; sur la droite, avec la rue Fitz-James, conduisant à la terrasse qui est la place complémentaire de la place Royale.

La rue du Clocher se réunit aussi, du côté de l'est, à la rue qui conduit à la porte Tourny, et qui longe, par le haut, la place Royale ; un peu au-dessous du débouché de la rue du Temple, la rue des Taules reçoit aussi, sur la

4

gauche, la jonction de la rue qui conduit à la même porte Tourny.

Cette même rue, avant d'arriver à la porte Tourny, rencontre sur la droite, du côté du midi, deux petites rues qui débouchent sur la place de Saint-Pierre, à laquelle les rues du Collége et Fourie viennent aussi aboutir.

La rue Rafillou débouche sur cette petite place à ce point de jonction, et la rue du Collége communique aussi, par le bas, du côté du boulevard, à la rue l'Arbre-Peint, qui s'embranche avec la rue du Canard à gauche, et un peu plus haut, du même côté, avec la rue du Verdurier, et cette rue du Verdurier est adossée, du côté de l'occident, à la rue Manigne.

C'est ainsi que toutes les rues qui sont comprises dans l'enceinte du boulevard s'embranchent les unes dans les autres.

De divers points de cette circonférence, partent plusieurs faubourgs qui servent presque tous de passage à quelques routes royales ou départementales. Les principaux sont ceux des Arènes, Manigne, Boucherie et Montmallier. Celui des Arènes est traversé par deux routes royales qui se divisent en dehors au fond de la place des Carmes qui est attenante à la place d'Orsay : l'une est la route d'Angoulême, Saintes, Rochefort, à droite ; l'autre est la route de Bordeaux par Périgueux, à gauche. Celui de Manigne, qui a, à sa suite, la place des Jacobins, celle des Casernes, le faubourg Saint-Martial, ouvre et reçoit la route de Toulouse à Paris. Celui de Boucherie n'a ni route royale ni route départementale, mais il est le point principal de communication de la ville à la Cité, qui autrefois était séparée de la ville et qui n'y a été réunie que depuis 1791, qui contient la cathédrale et l'évêché, et au-dessous de laquelle se trouve le pont Saint-Etienne, sur lequel passe la route de Lyon à Paris. Cette route, en quittant le côté du boulevard qui est vis-à-vis la porte Tourny, traverse la place Tourny, le lieu appelé du Maupas ou le faubourg Saint-Maurice, et descend, par une ligne tant soit peu circulaire, au pont Saint-Etienne. Le faubourg Montmallier sert de passage à la route de Limoges à Poitiers par Bellac et autres villes qui communiquent à l'Anjou, la Touraine et la Bretagne.

Mais l'on a vu que lorsque le nouveau pont qu'on construit depuis trois ans sera achevé, les deux routes de Toulouse et de Lyon seront jointes à quelque distance au-dessus de ce pont, et que les ponts de Saint-Martial et de Saint-Etienne perdront, en grande partie, la fréquentation que ces routes leur procuraient ; le chemin de jonction est déjà tracé et presque entièrement confectionné.

Les deux lignes de maisons et bâtimens, au milieu desquelles passe la route de Paris à Limoges et Toulouse, n'ont point reçu habituellement le nom de faubourg comme ceux qu'on vient de nommer, parce que cette agglomération de constructions ne remonte pas à un temps fort ancien ; qu'avant la révolution de 1789, tout le côté de la Visitation depuis l'église jusqu'à la maison Bastien, aujourd'hui maison Lamarche, était occupée par un couvent, et que le côté opposé n'était pas bâti, mais aujourd'hui le quartier est devenu aussi appréciable que les autres par l'augmentation de ses constructions qui *s'étendent* même au-delà de la Bregère. Il faut dire même qu'il est devenu plus fréquenté, quoique de ce côté il ne se trouve point de villes proches, par le transfert et l'établissement de tous les anciens cimetières de la ville en un seul lieu, qui se trouve situé sur une hauteur, à un quart de lieue de la ville, sur la gauche de la route en allant de Limoges à Paris.

Ce cimetière a été traité à l'instar de celui du Père-la-Chaise à Paris. Ce chemin n'est pas seulement fréquenté par les convois funèbres qui se font chaque jour, mais il l'est aussi journellement par les citoyens qui vont visiter le tombeau de leurs parens ou de leurs amis, y répandre des fleurs ou y faire des prières : car chaque famille, pour ainsi dire, s'est mise dans l'usage de consacrer, selon ses moyens, quelque monument sépulcral aux membres les plus chers qu'elle a perdus, en leur érigeant un mausolée ou une modeste croix où se trouve gravé le souvenir de leurs qualités et de leurs vertus : coutume honorable qui prouverait, si la vanité n'y entrait pour rien, que la génération actuelle a gagné beaucoup du côté du sentiment de l'humanité et de la piété.

Si l'on traçait une ligne de circonférence pour renfermer tous les faubourgs dans la ville et dans la Cité, en prenant pour rayon la dernière maison du faubourg le plus éloigné du centre, Limoges aurait près d'un myriamètre de contour, c'est-à-dire deux lieues de poste.

Sont compris dans ce périmètre, outre les jardins et les champs de toute nature de culture qui sont englobés entre les villes et les faubourgs, plus de 20 places publiques, au moins 15 à 16 églises, 8 à 10 fabriques de porcelaine et tous les établissemens publics, civils et militaires, judiciaires et de police, tels que l'hôtel de la préfecture, celui de la mairie, les palais de justice pour la cour royale et pour le tribunal de première instance, les casernes, la Maison de Force ou de Bon Secours, la Maison de Repentir et la Maison-Centrale.

On trouve des places publiques dans trois positions différentes : hors du boulevard, sur le boulevard, dans l'enceinte de la ville et de la Cité. Les places hors du boulevard sont : le Champ-de-Juillet, qui est la place la plus vaste ; la place d'Orsay, celle de Tourny ; la place des Pénitens-Gris, où se tient le foirail ; la place des Carmes, située entre celle d'Orsay et les deux routes d'Angoulême et de Bordeaux ; la place de la Mairie, celle de la Petite-

Terrasse, qui est en face ; la place de l'Hôpital, celle des Jacobins, celle du Faubourg-Boucherie, entre le faubourg et la Cité. Les places situées sur le boulevard sont : la place d'Aisne ou des Arènes ; la place Manigne ; la place Boucherie ; la place Dauphine ou Montmallier. Les places de l'intérieur de la ville sont : la place Royale ; la place de la Terrasse ; la place des Bancs, celle de la Mothe, celle de Saint-Pierre, celle de Saint-Michel, celle de la Préfecture. Celles de la Cité sont : celle de Saint-Etienne, celle de l'Evêché, celle de la Fontaine-de-la-Cité, celle de la Fontaine-de-la-Cave et la place de la Corderie.

En 1789, sur 30 à 40 églises que Limoges contenait, la révolution en avait laissé très peu debout et en nature. Les couvens de frères religieux n'ont plus reparu ; mais les anciens ordres de religieuses se sont presque tous relevés et ont fait rebâtir chacun une église ; on compte à Limoges les couvens de la Visitation, de la Providence, des Filles-de-Notre-Dame, des Sœurs-de-la-Croix, des Carmélites, des Clairettes, de la Miséricorde, des dames de la Charité ; un autre couvent de la Charité institué en faveur de jeunes orphelines sans parens et sans fortune, et la nouvelle maison dite du Repentir. Les principales églises sont la cathédrale, Saint-Pierre, Saint-Michel, Sainte-Marie, le Collège, Saint-Gérald, Saint-Aurélien et Sainte-Valerie.

L'alignement des rues et des maisons, première chose d'ordre et de goût qu'on recherche dans l'examen des beautés d'une ville, ne répond pas, dans la structure de la ville de Limoges, à l'exigence de cette première condition. De toutes les anciennes rues, il n'en est pas une qui ait la largeur exigée par les convenances de nécessité et d'élégance, mais dans l'antiquité à laquelle remonte la fondation de Limoges, on calculait et recherchait peu les proportions ailleurs que dans la matérialité constitutive de la sûreté et de la défense ; et outre la difficulté provenant de l'inégalité de la surface du sol, il était impossible de tracer un alignement régulier dans une ville détruite si souvent en tout ou en partie, et rebâtie ou remontée par ses habitans, en plusieurs reprises, avec la hâte du besoin.

On a cherché à corriger ce défaut, autant que possible, dans les nouvelles rues qui ont été construites : dans les rues Haute-Vienne, Petit-Paris, Turgot, de l'Amphithéâtre, et dans toutes les rues adjacentes au Champ-de-Juillet, qui se créent et se construisent journellement peu à peu ; toutes ces rues sont droites et ont la largeur que comporte le genre d'architecture adopté pour la capitale du département de la Haute-Vienne.

Mais on a laissé subsister dans leur alignement une irrégularité qui dépare singulièrement au coup-d'œil, l'architecture d'une ville : c'est l'inégalité de hauteur des maisons, inégalité qu'on aurait dû et qu'on n'a pas cherché à éviter, même sur le terrain plane. On avait cependant un bon exemple à imiter sur ce point, et d'autant meilleur qu'il date de l'intendance de M. Meulan-d'Ablois : c'est l'égalité parfaite tant de hauteur que de base de la ligne de maisons qui borde le côté septentrional de la place d'Aisne. L'obstacle physique et moral que vainquit cet intendant, l'allégation d'impuissance de bâtir de certains propriétaires, pourquoi les administrateurs municipaux n'auraient-ils pas cherché à le vaincre comme lui ? Tout prend son niveau par le moyen des ventes et des échanges, et il faut que l'intérêt privé, justement indemnisé, cède au bien général.

Un autre défaut principal dans l'ensemble de l'architecture de la ville de Limoges, c'est que la plus grande partie des maisons sont montées en bois depuis le premier étage, et quelques-unes depuis le rez-de-chaussée. Très peu d'anciennes maisons sont construites totalement en pierre, et il y en a encore moins de bâties toutes en pierre de taille.

On ne connaît d'édifices de construits avant la révolution de cette dernière nature de pierre, que la porte Tourny, l'hôtel de la préfecture et le palais épiscopal; car la maison Naurissart, aujourd'hui possédée par M. Navières, conseiller-auditeur, et appartenant à M. Fournier, ne fut achevée qu'en 1792.

L'édifice le plus ancien fait en pierre de taille, à part la cathédrale et les clochers de Saint-Etienne, Saint-Pierre et Saint-Michel, est la porte Tourny ; et l'on a vu que sa construction ne remonte qu'à 1743 ; l'on a vu aussi que le palais épiscopal ne fut achevé qu'en 1787 ; l'hôtel de préfecture, alors l'intendance, bâtiment irrégulier dans sa forme et représentant deux angles droits ou une double équerre, fut construit en trois reprises. En 1759, M. Pajot-de-Marcheval, intendant de Limoges, en fit faire une partie ; en 1779, M. Turgot, son successeur, fit faire le portail ; et, en 1785, M. Meulan-d'Ablois, qui avait remplacé M. d'Aisne, fit reconstruire la partie du bâtiment qui avoisine les prisons. Le palais de justice n'a de construit entièrement en pierre de taille que la façade qui donne sur la place de la Préfecture.

Tout cela prouve que, dans un temps qui n'est pas bien reculé, la pierre à bâtir, et surtout la pierre de taille, était très rare. Les matériaux dont sont construits les temples, les ponts de Saint-Martial et de Saint-Etienne, et les vieux pavés de la ville, le prouvent encore mieux ; car qu'est-ce qui doit être construit avec plus de majesté et de solidité qu'une église ; avec plus de solidité, et de grandeur qu'un pont dans une ville commerçante et qui est la capitale d'une province ; avec plus de recherche qu'un pavé ? Et les églises, moins la basilique et les clochers de Saint-Etienne, Saint-Pierre et Saint-Michel, sont construites, pour la plus grande partie, en moellons cimentés avec de la chaux. La pierre de taille qu'on y a employée, à gros grain, a déjà subi, comme le ciment, par décomposition, l'action de l'air. Les garde-fous des ponts, pour la plus grande partie, sont construits en pierre brute ou ordinaire. Les vieux pavés de la ville sont en moellons pointus, peu résistibles à la pression du roulage, et remplis de cavités.

On ignore où fut prise la pierre de taille qui servit à bâtir le clocher de Saint-Michel, commencé en 1364, l'église et le clocher de Saint-Etienne, repris et non terminés en 1515 ; le clocher de Saint-Pierre, achevé en 1534 ; mais le grain de cette pierre de taille n'est pas de même qualité que le grain de la pierre de taille dont sont construits le palais épiscopal, l'hôtel de la préfecture, la maison Naurissart, et il est encore moins de la qualité du grain de la pierre dont est bâtie la porte Tourny.

Les hôtels de préfecture et de l'évêché et la maison Naurissart ont été bâtis, à ce qu'il paraît, avec de la pierre de taille tirée de Grandmont ; il fallait que ces carrières n'eussent pas encore été découvertes lors de l'édification des églises, des clochers et des ponts dont on vient de parler, et quand elles le furent, le transport et la taille de la pierre devinrent trop coûteux pour que cette pierre pût être communément employée aux édifications faites par les particuliers ; mais des carrières de pierre de taille, de pierre à bâtir et à paver, plus près de la ville, ont été récemment découvertes ; et aussitôt qu'elles l'ont été, on a vu l'architecture changer entièrement de face à Limoges.

On a vu successivement élever les Casernes, la Maison Centrale, remonter la pointe du clocher de Saint-Michel que la foudre avait frappée et renversée en 1810 ; on a vu créer, comme par enchantement, de nouvelles rues, vu tous les citoyens embellir de pierres de taille les paremens de leurs nouvelles maisons, quelques-uns en faire construire tout le premier étage, d'autres, en plus petit nombre, faire construire en pierre de taille leurs maisons tout entières.

Alors que la pierre de taille a été trouvée plus commodément et à meilleur marché, on a recherché l'usage du plâtre qui n'était employé que dans les grandes villes ; le goût et l'élégance se sont joints à la solidité. Tout le côté de maisons neuves du boulevard de la Pyramide, toutes celles qui ont été nouvellement construites sur la droite du boulevard du sud, toutes celles qui l'ont été dans les rues adjacentes au Champ-de-Juillet, sont aussi élégantes que solides.

On a déjà commencé à faire disparaître les vieux pavés hérissés de pierres pointues, en les remplaçant par un pavé plus uni construit en moellons carrés ; dans deux ans, au plus, tout le reste de ce pavé raboteux aura disparu.

Les maisons ne sont pas, en général, d'une très grande élévation, la majeure partie n'ont que trois étages, très peu en ont quatre, quelques-unes n'en ont que deux ; il n'est pas nécessaire qu'elles soient aussi élevées à Limoges qu'à Paris, mais aucun bâtiment ne devrait avoir moins, à Limoges, de trois étages, et dans tous les quartiers où l'égalité du sol le permet, il devrait y avoir un même niveau de hauteur. Il serait d'autant plus à propos d'adopter cette mesure, qu'on a, à racheter, par quelque autre agrément, la difformité qui résulte de la nécessité de bâtir en bois, depuis le premier étage, à défaut de pierre suffisante. L'exemple du rang de maison sur la place d'Aisne que nous avons cité, prouve tout l'effet qu'on devrait en attendre, puisque c'est, sans contredit, la partie d'architecture de Limoges, qui produit le plus d'effet par l'ensemble et l'unité.

Les églises, surtout les plus importantes, *Saint-Etienne*, *Saint-Pierre*, *Saint-Michel*, sont de hauteur convenable ; leur extérieur, notamment celui des églises de Saint-Pierre et de Saint-Michel, n'est pas très imposant, on vient de dire que le crépissage qui recouvre la partie construite en moellon est décharné, que la pierre de taille est fortement altérée. Le massif *prismatique* qui supporte le clocher de Saint-Etienne et qui fut construit, dit-on, en 1431, est d'une structure matérielle ; l'église, détruite en entier par les Anglais dans le XIVe siècle, moins le clocher que le prince de Galles voulait aussi faire abattre, n'a jamais été achevée ; la partie qui existe ne le fut qu'après 1515; en 1537, Jean de Langeac, alors évêque, entreprit de faire remonter l'autre partie pour réunir l'église entière au clocher ; il fit élever les fondations des murs et des piliers, mais il abandonna ce travail pour bâtir son palais épiscopal, et il ne fut plus repris.

Telle qu'elle existe maintenant, l'église de Saint-Etienne n'est pas moins un chef-d'œuvre d'architecture gothique ; aux yeux des connaisseurs, elle a toute la hardiesse et la majesté du genre ; à l'intérieur, elle a 179 pieds de longueur sur 127 de large, et elle aurait 265 pieds, si elle était achevée jusqu'au clocher.

Son frontispice, du côté de la rue Neuve-Saint-Etienne, présente des bas reliefs qui peuvent le disputer en beauté avec les plus beaux morceaux de sculpture qui sont sur la porte des églises de Notre-Dame de Paris et de Saint-Denis ; à l'intérieur, on admire toutes les grandes proportions des formes de l'art : la nef, quoique courte, les piliers qui sont à plusieurs rangs, les arcs, les ogives ; mais les architectes y admiraient, surtout autrefois, le rond-point du sanctuaire, le jubé et ses ornemens de sculpture et les vitraux. Le jubé n'est plus tel aujourd'hui qu'il était autrefois ; les statues qu'il contenait ont été brisées ; toutes les figures qui représentaient les vertus théologales et cardinales ont été mutilées dans la révolution.

Au surplus, si l'extérieur des églises de Saint-Pierre et de Saint-Michel n'a pas tout le décor que l'on pourrait y désirer, l'intérieur de ces églises les dédommage. Il est bien vrai que celui de l'église de Saint-Pierre est inégalement partagé par six rangées de piliers ou colonnes, dont les entr'axes sont d'environ vingt pieds, et que, suivant M. Allou, ces colonnes sont très lourdes, que les retombées des arcs sont inégales, que les piliers de gauche sont presque entièrement masqués par les chapelles, que l'église est en général mal éclairée ; il faut encore ajouter que, pour entrer dans l'église par la principale porte, en face du grand autel, il faut descendre un degré de plusieurs marches ; mais tout l'intérieur est majestueux ; le grand autel et les chapelles sont richement ornés ; les vitraux sont remarquables par le travail et la vivacité des peintures, particulièrement ceux de la partie droite du chœur. L'église a 100 pieds de long sur 40 de large.

M. Allou a fait aussi la critique de l'intérieur de l'église de Saint-Michel. « C'est un rectangle d'environ 148 pieds sur 61 pieds, partagé en trois parties inégales, dont les deux plus petites forment les collatéraux ; les piliers sont d'un style gothique assez hardi, mais plusieurs portent à faux, ils sont mal alignés. » Mais, malgré cette critique, la nef de cette église, vue de la porte qui est en face du grand autel, n'est pas moins majestueuse ; le grand autel richement orné, et la colonnade dont tous les piliers sont déliés, sont d'un effet admirable ; c'est une des églises les mieux éclairées par des vitraux de toutes sortes de couleurs dont il est à regretter qu'on ait perdu le secret de renouveler la peinture.

On sait que Saint-Michel-des-Lions tirait son nom de deux lions en pierre qui étaient placés à la porte d'entrée, du côté de la rue Ferrerie ; ils y étaient dès 1286, et ils étaient beaucoup plus anciens, mais on n'a rien pu découvrir de précis et de positif sur les emblèmes qu'ils étaient destinés à représenter.

L'église du collége excite aussi l'attention des curieux,

par l'architecture de sa façade et par la grandeur de son espace intérieur. Elle n'est qu'une réparation imparfaite de celle qui existait en 1525; on laissa tomber en ruine cette première église; en la réparant, on fit une voûte en planches.

De tous les monumens échappés au vandalisme que Limoges ancien ait transmis à Limoges moderne, les plus remarquables, par l'architecture, sont les trois clochers de Saint-Etienne, Saint-Pierre et Saint-Michel.

Celui de Saint-Etienne, qui a 150 pieds de haut à partir du niveau du pavé, aurait été élevé, suivant les chroniques du pays, en 1190 ou 1192, et, suivant le P. Saint-Amable, en 1212, pendant le séjour du roi Richard, célèbre par les croisades; il se compose d'une tour carrée à quatre étages, dont chacun est paré de deux ou trois ouvertures assez étroites, surmontées d'ogives très peu aiguës; sur les quatre angles de la tour, s'élèvent des tourelles octogones assez étroites, qui se terminent aujourd'hui par des lanternes fort élégantes; il n'y a ni grandes ni petites pyramides, car le clocher, qui était d'une très grande hauteur, fut abattu en partie par la foudre, en 1483; en 1484, le tonnerre abattit la flèche; elle fut remontée en bois et couverte en plomb; en 1571, survint un plus grand accident le jour de Saint-Martial : la foudre fondit la couverture de plomb, le feu prit à la charpente à l'endroit même où étaient logées les onzes cloches; la nouvelle flèche et les pyramides qui surmontaient les quatre tourelles des angles, furent renversées du même coup; elles n'ont pas été réparées, mais le sommet de la tour indique encore la naissance de la pyramide.

Le clocher de Saint-Pierre, qui peut avoir 23 toises de haut y compris la flèche, est dans la même forme que celui de St-Etienne, mais sa tour carrée ne paraît pas avoir autant de dimension ni en largeur ni en hauteur; elle a ses grandes et petites flèches; mais la grande, depuis les deux tiers de sa hauteur jusqu'au sommet, est montée en bois et couverte en plomb, ce qui indique que, à une certaine époque, elle aurait été frappée par la foudre; on dit, en effet, qu'elle le fut plusieurs fois, notamment en 1269; cette date serait nécessairement erronée, si, d'après la tradition, l'église n'avait été commencée qu'en 1454 et achevée qu'en 1534; mais, suivant le P. Saint-Amable, l'évêque Rorice en aurait été le fondateur en 534; et elle aurait été réparée seulement en 1454.

Le clocher de Saint-Michel est aussi à peu près du même style que celui de Saint-Etienne, excepté que sa tour quadrangulaire n'a pas autant de circuit, mais il est le plus haut de tous, parce qu'il est situé sur un plan plus élevé; sa hauteur, à partir du pavé, peut bien être aussi de 180 pieds y compris la flèche surmontée d'une grosse boule de cuivre jaune et d'une girouette. Il se forme de six étages; les quatre tourelles qui s'adaptent aux quatre angles de la tour, s'en détachent aux cinquième et sixième étages où la tige commence à diminuer de diamètre, et se terminent par des lanternes de construction très légère, qui sont elles-mêmes surmontées d'une petite flèche pyramidale. La grande, celle du milieu, fut, comme on l'a dit, frappée aussi plusieurs fois par la foudre, en 1604, en 1754 et en 1810; en 1824 et 1825, elle a été remplacée par cette flèche hardie qui termine aujourd'hui le clocher, et qui fut pratiquée sous la direction de M. Brestroff, capitaine de génie, et sous l'administration de M. *de Castéja*.

Les deux clochers de l'église du collège ne sont à citer que par leur forme conique, terminés en rond comme une cloche; ils sont couverts d'ardoise. Celui de l'église de Sainte-Marie est dans la même forme; celui de la Visitation, également couvert d'ardoise, n'est encore à citer que par son dôme élégant, et dont l'effet s'allie très agréablement, pour le point de vue, à celui des autres clochers. Il est inutile de faire figurer dans ce tableau les clochers des autres églises : ce ne sont que de petites flèches pyramidales.

Le palais de justice, où siége la cour royale, qui n'est qu'un bâtiment étroit, situé dans un lieu sombre et humide, entre la rue des Prisons et l'hôtel de la préfecture, dont la majeure partie est construite en petites pierres recouvertes d'un vieux crépissage, n'est pas un bâtiment digne de servir de temple à la justice ; il faut en dire autant de partie de celui de la Visitation, où le tribunal de première instance tient ses audiences. Il faudrait un palais à Limoges, où tous les tribunaux fussent réunis, et assez grand pour qu'ils pussent siéger séparément chacun dans leurs salles ; un palais qui, par la grandeur, la solidité et l'élégance de sa structure, annonçât à tous les yeux sa destination majestueuse. Il ne faudrait donc pas qu'il fût dans un lieu caché, masqué par d'autres bâtimens, il faudrait que les espaces fussent assez larges pour circuler tout autour. — Le local le plus propre serait sur la place même de l'hôtel de la Mairie, en faisant disparaître cet hôtel ; et, si on l'établissait à la place d'Orsay, il faudrait que deux angles de façade fussent posés l'un du côté de la place, l'autre du côté du faubourg des Arènes, sur les fondations des maisons Talandier ; car, sans cet agrandissement de localité, la place d'Orsay, du côté de la place d'Aisne, serait trop étroite pour donner à ce palais tout le dégagement nécessaire et pour laisser encore subsister l'entrée de la place ; mais le siège du palais serait mal placé auprès du foirail des Pénitens-Gris, il serait trop près de la Maison-de-Force ; il se trouverait dans le quartier le plus passager et le plus bruyant de tout Limoges, bruyant par le roulage continuel des charrettes et voitures, par le tumulte occasionné par les marchés journaliers du bois, de la paille et du foin, et augmenté par les hennissemens et vociférations non interrompus des animaux stationnaires ou passagers.

Il est un autre choix qui n'est pas heureux, c'est celui de la place Royale pour y établir un théâtre ; la ville n'en a point. Depuis la révolution, la salle de spectacle s'est tenue dans l'ancien local des Frères de Saint-François, appartenant à M. Besse, cafetier ; l'accès n'en est pas commode, parce que la porte d'entrée donne sur une rue étroite et perpendiculaire, et l'intérieur en est sombre et humide, et difficile à aérer. L'administration municipale a résolu d'en faire bâtir une. Elle a choisi, pour l'érection du théâtre, presque l'extrême gauche de la partie de la place Royale qui joint, du côté du sud-est, la rue qui va de la rue du Clocher à la porte Tourny ; les fondations y ont été tracées, et le bâtiment est déjà fort avancé. C'est la plus mauvaise position que l'on pût choisir ; le théâtre aura l'air, comparativement à ses alentours, d'être placé dans une niche ; il sera sans dégagement extérieur, sans grâce ; l'encoignure du côté droit du bâtiment formera sur la rue, avec l'angle de la maison qui est située entre les deux rues qui conduisent à la porte Tourny, une espèce de gorge ou de goulet trop étroit pour la station des voitures et pour la libre circulation du public ; de plus, le quadrilatère de la place Royale sera gâté ; la place et le bâtiment : tout sera difforme à la vue. Le seul emplacement convenable pour asseoir le théâtre, aurait été celui qu'occupe la maison Lavie, en y englobant partie de la terrasse, reculant du boulevard la façade de huit pieds, et prolongeant les deux lignes latérales jusqu'à la place Royale. Dans cette position, les voitures auraient eu tout le boulevard pour circuler, et les deux côtés du portail d'entrée du théâtre pour stationner. L'édifice serait un ornement de plus pour le boulevard ; il ne serait un masque pour aucun quartier ; l'air circulerait de tout côté ; et il y aurait eu des sorties de plain pied sur les deux places ; la construction aurait été un peu plus dispendieuse ; mais, dans ce cas, on ne mesure jamais l'utilité et l'agrément à la dépense. C'est un regret que l'on aura peut-être.

Le palais de l'évêché est l'édifice le plus remarquable dans le goût moderne ; voici la description qu'en fait M. Allou : « Son aspect est imposant, il plaît surtout par la beauté de son développement et la régularité de l'ensemble ; il se compose d'un corps principal et de deux ailes qui dominent (par derrière), une suite de terrasses disposées de la manière la plus pittoresque et dont l'élévation est assez considérable. Du haut de ces jardins, l'œil embrasse une partie très étendue du beau bassin de la Vienne et les riantes prairies qu'elle arrose. Les étrangers s'empressent d'aller jouir de ce magnifique point de vue et le citent, avec raison, comme un des plus remarquables de cette partie de la France.

La ville ne manque pas de fontaines : tous les jours on en établit de nouvelles, et il y en aura bientôt à chaque coin de rue. Outre celle de la place des Bancs, celle de Saint-Martial qui jaillit sur la place Royale, celle des Barres située rue des Filles-de-Notre-Dame, il y en a une adossée au mur de la place d'Orsay, jaillissant sur la place d'Aisne ou des Arènes, une près la mairie ou à la porte Boucherie, une à la porte Tourny, une près la place Saint-Michel, une sur la place Saint-Pierre, une près de l'Hôtel-des-Monnaies, une appelée Dauphine, sur la place Montmallier, une près la place des Jacobins, trois ou quatre dans la Cité, entre autres celle appelée de la Cave, deux ou trois au pont Saint-Martial, et autant au pont Saint-Etienne ; aucune de ces fontaines n'a d'obélisque à citer ; la fontaine des Barres a, pour obélisque, une petite pyramide d'un diamètre très étroit ; le prisme de celle appelée Dauphine, était autrefois surmontée de deux dauphins en bronze, ou en cuivre bronzé ; la plus abondante est la fontaine d'Aigoulène ; sa source est au village de Corgnac, à l'est de la ville, à 1040 toises du bassin où elle s'épanche ; le canal, où l'eau coule, a 45 pieds de profondeur sur 5 pieds de hauteur et 3 pouces et demi de large. En 1645, la fontaine était surmontée de quatre dauphins et d'une figure de Saint-Martial ; les dauphins ont disparu; on y a rétabli la figure de Saint-Martial; l'eau jaillit entre deux cylindres, par un tuyau dont le repoussoir arrondi fait prendre à la nappe d'eau la forme d'une tasse renversée, et l'eau retombe dans un bassin de granit de 36 pieds de circonférence. L'eau de Saint-Martial passe pour la plus pure et la meilleure de Limoges.

Il n'y a pas de ville en France mieux située pour l'entretien de la propreté, à cause des différentes éminences du sol et de la facilité que la pente ou la convexité donne de faire écouler les eaux ; il y a un grand nombre de canaux souterrains destinés à cet écoulement, ils remontent à un temps très ancien, au moins à 1252 ; on n'a pas trouvé la date d'aucune époque précise, mais l'origine n'en remonte pas au temps des Romains ; la construction grossière de ces aqueducs ne fait en rien soupçonner une telle origine ; les registres consulaires de la mairie font connaître qu'on les nettoya en 1532. On avait répandu, dans le public, qu'il existait un plan sur cuivre de ces aqueducs, qui fut vendu à des chaudronniers dans le cours de la révolution, mais ce bruit a été vérifié et il s'est trouvé dénué de fondement ; lorsque la description des monumens du département fut dressée, le rédacteur prit des informations à cet égard, et il fut convaincu qu'il n'existait, sur la situation et la forme de ces aqueducs, que des notes que M. Fournier, capitaine des pompiers et architecte-voyer de la ville, avait rassemblées après les plus pénibles recherches ; aussi, cet architecte en a-t-il été récompensé et de ses autres travaux, par son admission à l'ordre de la Légion-d'Honneur.

On a vu que Limoges a un grand nombre de places publiques, dont les unes servent de marché aux comestibles, comme la place des Bancs ; à la poterie, mercerie, quincaillerie, comme la place de la Mothe et la place Royale; de marché au bois, à la paille et au foin, comme celle des Arènes; les autres de foirail, comme celle des Pénitens-Gris; celle des Carmes, celle de Juillet pour la foire aux chevaux ; les autres, de station, comme toute les places qui sont sur le boulevard, près des églises ou des fontaines; les autres, de champ de manœuvre, encore comme le Champ-de-Juillet; mais il y en a qui sont uniquement destinées à la promenade, comme le jardin d'Orsay, la place Tourny et l'esplanade de la place de Juillet; la plantation de ces trois places a reçu beaucoup d'amélioration ; cette dernière place surtout a reçu, sur son sol, des réparations qui en triplent l'agrément. Dans toutes les allées on a rendu ce sol convexe avec pente sur les côtés, ce qui forme autant de rayons pour l'écoulement des eaux ; les allées sont recouvertes de sable ou de tuf, en sorte que, après le plus grand orage, dans les temps de pluie la plus continuelle, on peut promener à pied sec, et chaque allée est ornée par une bordure de gazon.

Cette place occupe la situation la plus élevée de tout Limoges ; on y trouve l'air, l'ombre et le frais, en toutes saisons et à toute heure du jour, même dans les chaleurs de la canicule, parce qu'elle est complantée d'arbres en totalité et qu'elle est à l'aspect du nord et de l'est. Les plus grands travaux des embellissemens de cette place ont été faits sous l'inspection constante de M. Gandois, conseiller municipal. La plantation des arbres de cette place ne laisse à regretter qu'une seule chose : c'est que le choix des arbres n'ait pas été fait *pour tailler ces arbres en vergettes*, comme le sont ceux des places de toutes les grandes villes.

Au nombre des places de promenade de Limoges, il faut encore compter le jardin public qui fait suite au bâtiment de la Visitation, mais ce jardin n'est qu'un verger de plantes et d'arbrisseaux, où l'on ne trouve rien ou presque rien de ce qui tient à la botanique, et il n'y a point de cabinet botanique.

Au surplus, pour *la vue pittoresque*, il y a à Limoges, à l'intérieur comme à l'extérieur, une foule de points de vue magnifiques, à cause des coteaux nombreux dont toute la ville est environnée ; il y a telle et telle maison placée dans l'enceinte ou dans les faubourgs d'où l'on découvre surtout l'horizon, la campagne la plus variée ; on a déjà vu que les terrasses de l'évêché fournissent l'un de ces points de vue les plus délicieux, les deux Tivolis en fournissent aussi de fort agréables. L'ancien Tivoli se tient dans un jardin d'environ 200 pieds de long sur 40 à 50 de large, divisé en deux compartimens, terminé au fond par un cirque en bois servant de salle de danse. Le nouveau Tivoli se tiendra dans le vaste et beau jardin de M. Ardant-Antignac. L'horizon du premier est peut-être un peu plus élevé, mais il est tourné du même côté, au sud-est. Et le nouveau Tivoli a l'agrément de plus d'avoir en face le Champ-de-Juillet et sa belle avenue de la place Tourny.

Ce sont là des points de vue de la ville ou des faubourgs sur la campagne, et les hauteurs et les coteaux qui environnent le bassin dans lequel est située la ville, en fournissent aussi *sur Limoges* qui ne sont pas moins beaux. Le site du Champ-de-Juillet n'est pas une hauteur ; cependant, qu'un spectateur soit placé sur la banquette qui regarde le couchant et le midi, et qu'il jette les yeux sur la ville, il verra aussitôt tous les clochers principaux de Limoges venir se placer en demi-cercle sur la tangente ; qu'un voyageur, qui n'est plus venu à Limoges, arrive par le pont Saint-Etienne ou par le pont Saint-Martial, il sera frappé d'admiration et de surprise en apercevant tous ces brillans édifices, au milieu desquels figurent l'évêché et la vieille cathédrale placés en échelette de hauteur en hauteur, ayant à leurs pieds une rivière dont l'eau se maintient toujours limpide, excepté dans les débordemens.

La grosse boule en cuivre jaune du clocher de Saint-

Michel s'aperçoit de deux à trois lieues, et c'est de ce lointain que Limoges, vu dans son ensemble, paraît dans son jour le plus brillant, qu'il paraît plus grand et plus riche que des villes qui lui sont supérieures. Qu'est-ce qui le fait ainsi briller au loin? ce sont ses hauts clochers, c'est l'étalage de ses faubourgs, ses principaux établissemens publics, ses manufactures à porcelaine ou autres, de nombreuses maisons blanches disséminées dans la campagne; le crépissage en chaux qu'on désirerait, de près et dans l'intérieur, voir remplacé par de bonne pierre de taille, gagne au loin dans l'optique par son éclat qui perce un horzion nébuleux et qui se fortifie encore par les rayons du soleil.

Sous le rapport de la population, Limoges s'est beaucoup accru, non-seulement depuis la révolution de 1789, mais même depuis 15 ans, car, en 1822, il n'avait que 22.000 âmes, et l'on doit compter aujourd'hui plus de 29.000 âmes, non compris plus de 3.000 âmes de population flottante.

Sous le rapport des établissemens publics, outre le siége d'une cour royale qu'elle possède depuis la création des tribunaux d'appel, elle réunit tous ceux qu'une ville de son ordre peut obtenir : tribunal de première instance, tribunal de commerce, deux juges de paix, chambre des manufactures, conseil des prud'hommes, direction des domaines, deux receveurs d'enregistrement et un conservateur d'hypohèques.

Sous le rapport de l'instruction, les lumières ont fait autant de progrès depuis 48 à 50 ans, qu'elles en aient pu faire dans les pays où les lettres ont été cultivées avec le plus d'émulation et de goût ; il y a une académie, un collége royal, plusieurs institutions, couvens et pensionnats pour l'instruction de la jeunesse; pour celle des jeunes gens, outre l'école mutuelle et celle des Frères de la doctrine chrétienne, on connaît notamment les pensionnats de M. Panissat, de M. Larue, de M. Merland, de M. Caillebois; pour celle des demoiselles, les couvens de la Visitation, de la

Providence, des Filles-de-Notre-Dame, des sœurs de la Croix, les pensionnats de Mme de Brette, de Mme Lachaumette, des D^{elles} Boireau, etc.

Outre les bibliothèques particulières qui sont en grand nombre à Limoges, il y a une bibliothèque publique placée près le jardin public, dans le bâtiment de la Visitation ; elle n'est point comparable à celle de Clermont ; elle n'est pas très volumineuse, beaucoup d'ouvrages sont incomplets, ceux dont elle se compose ne sont classés ni selon l'ordre des sciences, ni selon la commodité des recherches, mais elle n'est pas moins d'une grande ressource pour les renseignemens scientifiques dans un grand nombre de cas. La librairie abonde, au surplus à Limoges, comme partout, avec la facilité qu'on a de se procurer tous les livres qui manquent, par les communications journalières entretenues avec Paris.

Limoges a déjà payé, dans le XVIIIe siècle, un grand tribut à la science, en donnant naissance à l'un des plus grands et des plus vertueux magistrats que la France ait possédés, celui qui aima mieux rendre les sceaux que de les souiller ; en donnant naissance à Dorat et La Reynie, à Silhouete, à Ventenat et au *célèbre Vergniaud*, qui fit tant d'efforts pour éviter à la France des torrens de sang, et dont les fatales prophéties ne se réalisèrent que trop. Elle ne fait point défaut dans celui-ci, puisque M. Michel Chevalier, l'un de ses concitoyens, a déjà acquis, comme écrivain, quoique encore jeune, la plus grande célébrité. Et il n'est pas le seul à donner, par ses talens, les plus grandes espérances ; nombre d'autres de ses compatriotes et de ses contemporains déjà distingués, soit dans les lettres, soit dans la magistrature, soit au barreau, font compter sur de grands services et sur une plus grande élévation.

Sous le rapport du commerce et de l'industrie, on a vu encore que Limoges n'est pas resté en arrière, qu'il peut aussi figurer honorablement avec les villes de son ordre. Plus de cinquante notables commerçans, inscrits au tableau, plusieurs banquiers et fabricans de drap, de toile, de papier, de cartes et de carton, de cire et de colle, de chandelles, de caractères d'imprimerie : voilà les représentans du commerce et de l'industrie; de plus, une société d'agriculture, donnant l'impulsion du goût et l'exemple des procédés les plus féconds dans l'art si important de Triptolème.

On n'est plus réduit, dans aucune classe de la société, au seul patois limousin : la langue française est généralement en usage. Il y a dix-sept ans que l'auteur de la description des monumens de tous les âges du département de la Haute-Vienne disait : « En publiant aujourd'hui un ouvrage sur le limousin, serait-il nécessaire de défendre cette province contre un préjugé aussi ancien qu'il est injuste, et qui s'appuie malheureusement de l'autorité d'un nom célèbre. N'en déplaise à Molière lui-même, d'injurieuses et piquantes plaisanteries ne seront jamais des preuves, et tous ceux qui ont visité cette contrée savent qu'elle n'est maintenant inférieure à aucune autre, sous le rapport des lumières et de la civilisation ». Dans cet hommage rendu à tous les Limousins, Limoges pouvait en prendre une bonne part, car continuait l'auteur, la patrie des Vergniaud, des Muret, des d'Aguesseau, n'est point une contrée sans gloire et sans souvenirs; mais qu'aurait-il dit, si tous les évènemens opérés depuis eussent été accomplis, si tous les progrès qui se sont développés depuis eussent été réalisés, ou que dirait-il maintenant, cet écrivain étranger et impartial? Il dirait tel et tel ont répondu et répondent à Molière. Ce n'est pas le langage seul qui s'est poli, ce sont les mœurs en général ; les vêtemens, les costumes sont aussi devenus plus élégans, et le luxe a suivi forcément la ligne ascendante de l'industrie et du commerce.

Si Limoges ne brille pas autant par les édifices que certaines capitales de provinces ou de départemens, si les progrès de l'architecture y ont été tardifs, il faut plutôt en accuser la disette des matériaux, que l'incurie et le goût des édiles ; on a vu que depuis que cette rareté de matériaux a cessé, l'embellissement de la ville a marché à grands pas pour les constructions comme pour les plantations ; mais il faut en rendre particulièrement grâce à la création des mairies et aux administrateurs municipaux, intelligens et dévoués que Limoges a eu le bonheur de posséder depuis la révolution, et parmi lesquels il faut placer le nom mémorable de M. Petit ; il reste sans doute beaucoup à faire, mais avec d'aussi bons antécédens, le perfectionnement va devenir plus facile chaque jour.

P. G.

IMPRIMERIE DE DARDE.